A CITROMSZEREDŐK KONCHÁRA

100 friss és ízletes recept a kulináris repertoár élénkítéséhez

Attila Deák

Copyright Anyag ©2024

Minden jog fenntartva

A kiadó és a szerzői jog tulajdonosának megfelelő írásos beleegyezése nélkül ennek a könyvnek egyetlen része sem használható fel vagy továbbítható semmilyen formában vagy módon, kivéve az ismertetőben használt rövid idézeteket. Ez a könyv nem helyettesítheti az orvosi, jogi vagy egyéb szakmai tanácsokat.

TARTALOMJEGYZÉK

TARTALOMJEGYZÉK..3
BEVEZETÉS...7
REGGELI...8
1. Citromos fánk pisztáciával..9
2. Citromos kókuszos muffin..12
3. Áfonyás-citromos pogácsa..14
4. Macadamia citrom csészék...17
5. Citromos kakukkfű angol muffin.......................................19
6. Áfonya citromos sajttorta zab..22
7. Áfonyás és citromhéjas gofri..24
8. Áfonya citromos croissant..27
9. Citromos menta tea...29
10. Citromos sajtos zsemle...31
11. Citromos muffin..34
ELŐÉTELEK ÉS NAGYSZEREK...37
12. Citrom Churros...38
13. Citromos Jalapeño Perec falatok....................................41
14. Citromszeletek...44
15. Citrom keksz...47
16. Citrombors Pita Crisps..49
17. Citromos túrós sütemény...51
18. Lemon Verbena Madeleines..54
19. Citromos brownie...58
20. Mini citromszeletek..60
21. Limonádé szarvasgomba..62
DESSZERT...65
22. Citromos tükörmázas macaronok..................................66
23. Pisztácia citrom Éclairs...71
24. Goji, pisztácia és citromtorta..77
25. Citromos habcsók-pisztácia pite.....................................80
26. Citromos eper mousse torta..83
27. Citromos cseresznye mousse...87

28. Citromos jeges torta rebarbara szósszal............90
29. Citromos-rebarbarás felhőpuding............94
30. Rebarbarás citromos tofu pite............97
31. Citrom szorbet............99
32. Mini citromos tartlet............101
33. Citromos habcsók pite parfé............104
34. Citrom és levendula............106
35. Citrom Zabaglione............109
36. Meyer citromos fejjel lefelé fordított torta............111
37. Lemon Pots de Creme............115
38. Citromos francia macaron............118
39. Citromos brûlée torta............122
40. Lemon Ice Brûlée karamellával............125
41. Lemon Curd Gelato............128
42. Méhsejt citromtorta............130
43. Citromos túróhab............133
44. Citrom Semifreddo............135
45. Citromos fagylaltos szendvicsek............137
MÁZ ÉS MÁZ............140
46. Citrommáz............141
47. Málna limonádé máz............143
48. Citromos vajas cukormáz............145
49. Citromos mákos cukormáz............147
LIMONÁDOK............149
50. Klasszikus frissen facsart limonádé............150
51. Rózsaszín grapefruit limonádé............152
52. Málnás limonádé mimóza............154
53. Epres limonádé fröccs............156
54. Sárkánygyümölcs limonádé............158
55. Kiwi Limonádé............160
56. Málna Kefir Limonádé............162
57. Málna és édeskömény limonádé............164
58. Szilvás limonádé............166
59. Gránátalmás limonádé............169
60. Cseresznye limonádé............171

61. Áfonya limonádé...173
62. Fügekaktusz lé pezsgő limonádé................................175
63. Fekete szőlő limonádé...177
64. Licsi limonádé..179
65. Alma és kelkáposzta limonádé e..................................181
66. Rebarbara limonádé...183
67. Retek limonádé..185
68. Uborkás limonádé Delight...187
69. Mentás kelkáposzta limonádé.....................................189
70. Cékla limonádé..191
71. Pillangó borsó limonádé..194
72. Levendula limonádé...196
73. Rózsavizes limonádé..198
74. Levendula és kókusz limonádé...................................200
75. Friss lila limonádé e...203
76. Hibiszkusz limonádé..205
77. Bazsalikomos limonádé...208
78. Koriander limonádé...210
79. Borágós limonádé...212
80. Citromos verbéna limonádé.......................................214
81. Rozmaring limonádé..216
82. Citromfű limonádé...218
83. Hibiszkusz bazsalikom limonádé...............................220
84. Sea Moss Limonádé...222
85. Spirulina L emonád...224
86. Tengeri hínáros limonádé...226
87. Chlorella Limonádé...228
88. Matcha zöld tea limonádé...230
89. Jeges kávé limonádé...232
90. Earl Grey Limonádé..235
91. Őszibarack fekete tea limonádé.................................237
92. Chai málnás limonádé...239
93. Limonádé Kombucha..241
94. Fűszeres almás limonádé..243
95. Kurkuma limonádé..246

96. Masala limonádé..248
97. Chai-fűszeres limonádé..250
98. Hot Sauce Limonádé..253
99. Indiai fűszeres limonádé..255
100. Levendula citromcsepp..258
KÖVETKEZTETÉS..260

BEVEZETÉS

Üdvözöljük a "A CITROMSZEREDŐK KONCHÁRA" című filmben, amely egy lelkes utazás a citrom világába és a kulináris művészetre gyakorolt figyelemre méltó hatásába. A citrom ragyogó és élénkítő ízével különleges helyet vívott ki magának a szakácsok és házi szakácsok szívében szerte a világon. Ebben a szakácskönyvben arra invitáljuk Önt, hogy fedezze fel a citrom sokoldalúságát és élénkségét 100 friss és ízletes receptből álló gyűjtemény révén.

Utazásunk a citrommal teli tájon bemutatja ennek a citrusos szupersztárnak a varázsát. Akár tapasztalt szakács, akár újonc a konyhában, ez a könyv útmutató a citrom csípős, citrusos ízének beépítéséhez kulináris alkotásaiba. Az előételektől a desszertekig, a sóstól az édesig, felfedezheti a citrom által kínált végtelen lehetőségeket, amelyekkel ízesítheti és feldobhatja ételeit.

Miközben belevágunk ebbe a citrusfélékkel átitatott kalandba, készülj fel rá, hogy feltárd a citromos főzés titkait, és hagyd, hogy napfényes hangulata megváltoztassa ételeidet. Szóval, ragadd meg a kötényedet, éleszd meg a késeidet, és csatlakozz hozzánk, hogy színesítsük kulináris repertoárodat a "A CITROMSZEREDŐK KONCHÁRA" c.

REGGELI

1. Citromos fánk pisztáciával

ÖSSZETEVŐK:
A FÁNKHOZ:
- Tapadásmentes főző spray
- ½ csésze kristálycukor
- 1 citrom reszelt héja és leve
- 1 ½ csésze univerzális liszt
- ¾ teáskanál sütőpor
- ¼ teáskanál szódabikarbóna
- ¼ teáskanál só
- ⅓ csésze író
- ⅓ csésze teljes tej
- 6 evőkanál sózatlan vaj, szobahőmérsékleten
- 1 tojás
- 2 teáskanál vanília kivonat

A MÁZHOZ
- ½ csésze natúr görög joghurt
- 1 citrom reszelt héja
- ¼ teáskanál só
- 1 csésze cukrászcukor
- ½ csésze pirított pisztácia apróra vágva

UTASÍTÁS :
a) A fánkok elkészítéséhez a sütőt előmelegítjük 375 °F-ra.
b) Vonjuk be egy fánksütő mélyedéseit tapadásmentes főzőpermettel.
c) Egy kis tálban keverjük össze a kristálycukrot és a citromhéjat. Ujjbeggyel dörzsöld bele a héját a cukorba. Egy másik tálban keverjük össze a lisztet, a sütőport, a szódabikarbónát és a sót. Egy mérőedényben keverjük össze az írót, a teljes tejet és a citromlevet.

d) A keverőlapáttal felszerelt állványos keverő táljában közepes sebességgel keverje össze a cukorkeveréket és a vajat, amíg könnyű és bolyhos nem lesz, körülbelül 2 perc alatt. Kaparja le az edény oldalát. Adjuk hozzá a tojást és a vaníliát, és közepes sebességgel keverjük körülbelül 1 percig.

e) Alacsony fordulatszámon adjuk hozzá a lisztkeveréket 3 adagban, felváltva a tejes keverékkel, és a liszttel kezdjük és fejezzük be. Minden hozzáadást addig verjünk, amíg el nem keveredik.

f) Öntsünk 2 ek. tésztát minden előkészített mélyedésbe. A tepsit a sütés felénél 180 fokkal elforgatva addig sütjük, amíg a fánkba szúrt fogpiszkáló tisztán ki nem jön, körülbelül 10 perc alatt. A tepsiben hűtőrácson hagyjuk hűlni 5 percig, majd fordítsuk meg a fánkokat a rácsra, és hagyjuk teljesen kihűlni. Közben mossa ki és szárítsa meg a serpenyőt, és ismételje meg a maradék tészta sütéséhez.

g) A máz elkészítéséhez egy tálban keverjük össze a joghurtot, a citromhéjat és a sót.

h) Adjuk hozzá a cukrászcukrot, és keverjük simára és jól keverjük.

i) A fánkokat a tetejével lefelé mártsuk a mázba, szórjuk meg a pisztáciával, és tálaljuk.

2.Citromos kókuszos muffin

ÖSSZETEVŐK:

- 1 ¼ csésze mandulaliszt
- 1 csésze cukrozatlan kókuszreszelék
- 2 evőkanál kókuszliszt
- ½ teáskanál szódabikarbóna
- ½ teáskanál sütőpor
- ¼ teáskanál só
- ¼ csésze méz
- 1 citrom leve és héja
- ¼ csésze teljes zsírtartalmú kókusztej
- 3 tojás, felverve
- 3 evőkanál kókuszolaj
- 1 teáskanál vanília kivonat

UTASÍTÁS:

a) Melegítse a sütőt 350 fokra. Egy kis tálban keverjük össze az összes nedves hozzávalót.

b) Egy közepes tálban keverje össze az összes száraz hozzávalót.

c) Most öntsük a nedves hozzávalókat a száraz hozzávalók edényébe, és keverjük tésztává.

d) Hagyja állni a tésztát néhány percig, majd keverje újra. Most egy muffinsütőt kivajazunk, és mindegyiket körülbelül kétharmadáig megtöltjük. Told be a sütőbe és süsd kb 20 percig.

e) Teszteld a muffin készségét úgy, hogy a közepébe szúrsz egy fogpiszkálót, és ha tiszta lesz, az azt jelenti, hogy készen állsz. Vegyük ki a sütőből, hagyjuk hűlni egy percig, és tálaljuk!

3. Áfonyás-citromos pogácsa

ÖSSZETEVŐK:

- 2 csésze univerzális liszt
- 1 evőkanál sütőpor
- 2 teáskanál cukor
- 1 teáskanál kóser só
- 2 uncia finomított kókuszolaj
- 1 csésze friss áfonya
- $\frac{1}{4}$ uncia citromhéj
- 8 uncia kókusztej

UTASÍTÁS:

a) A kókuszolajat a sóval, a cukorral, a sütőporral és a liszttel robotgépben összekeverjük.
b) Tegye át ezt a lisztes keveréket egy keverőtálba.
c) Most adjunk hozzá kókusztejet és citromhéjat a lisztes keverékhez, majd jól keverjük össze.
d) Belekeverjük az áfonyát, és az elkészített tésztát jól simára keverjük.
e) Ezt az áfonyás tésztát 7 hüvelykes körré nyújtjuk, és egy serpenyőbe tesszük.
f) Az áfonyás tésztát 15 percre hűtőbe tesszük, majd 6 szeletre szeleteljük.
g) Ragaszd be a sütőtányért egy pergamenlappal.
h) Helyezze az áfonyaszeleteket a bélelt pörkölőtányérba.
i) Tegye át a pogácsákat az Air Fryer Oven sütőbe, és csukja be az ajtót.
j) Válassza ki a „Sütés" módot a tárcsa elforgatásával.
k) Nyomja meg az IDŐ/SZELETEK gombot, és módosítsa az értéket 25 percre.
l) Nyomja meg a TEMP/SHADE gombot, és módosítsa az értéket 400 °F-ra.

m) Nyomja meg a Start/Stop gombot a főzés megkezdéséhez.
n) Frissen tálaljuk.

4. Macadamia citrom csészék

ÖSSZETEVŐK:

- ½ csésze kókuszvaj
- ½ csésze makadámdió
- ½ csésze kakaóvaj
- ¼ csésze kókuszolaj
- ¼ csésze Swerve, porított
- 1 evőkanál citromhéj, finomra reszelve
- 1 teáskanál Moringa por

UTASÍTÁS:

a) Kezdje azzal, hogy az összes hozzávalót, a citromhéj és a moringa kivételével, egy robotgépben egy percig pulzálja, hogy összekeverje őket.

b) Osszuk el a keveréket két tálba. A lehető legegyenletesebben kell felezni, mielőtt kettéosztanák.

c) A moringa port külön edénybe kell helyezni. Egy adott ételben keverje össze a citromhéjat és a többi hozzávalót.

d) Készítsen elő 10 mini muffincsészét úgy, hogy félig megtölti őket Moringa keverékkel, majd felöntjük másfél evőkanál citromkeverékkel. Félretesz, mellőz. Tálalás előtt győződjön meg róla, hogy legalább egy órát a hűtőszekrényben áll.

5.Citromos kakukkfű angol muffin

ÖSSZETEVŐK:

- Kukoricadara, porozáshoz
- 1 evőkanál citromhéj
- 2 evőkanál kristálycukor
- 1 ½ csésze fehér teljes kiőrlésű liszt
- 1 ½ csésze univerzális liszt
- 1 evőkanál darált friss kakukkfű
- 1 ½ teáskanál só
- ¼ teáskanál szódabikarbóna
- 1 evőkanál aktív száraz élesztő
- 1 csésze cukrozatlan sima mandulatej (vagy tetszőleges tej), 120-130°F-ra melegítve
- ⅓ csésze víz, 120-130°F-ra melegítve
- 2 evőkanál olívaolaj

UTASÍTÁS:

a) Egy keverőtálban keverjük össze a citromhéjat és a kristálycukrot. Keverje őket jól össze. Ez a lépés segít felszabadítani a citrom ízét a cukorba.

b) Egy külön nagy keverőtálban keverje össze a fehér teljes kiőrlésű lisztet, az univerzális lisztet, a darált friss kakukkfüvet, a sót és a szódabikarbónát.

c) Szórja meg az aktív száraz élesztőt a meleg mandulatej és víz keverékére. Hagyjuk állni körülbelül 5 percig, amíg habos nem lesz.

d) Az élesztős keveréket a tálba öntjük a lisztes keverékkel, majd hozzáadjuk a citromos cukorkeveréket és az olívaolajat is. Az egészet addig keverjük, amíg tészta nem lesz.

e) A tésztát lisztezett felületre borítjuk, és körülbelül 5 percig dagasztjuk, amíg sima és rugalmas nem lesz.

f) A tésztát visszahelyezzük a keverőtálba, letakarjuk tiszta konyharuhával, és meleg helyen kelesztjük kb. 1 órát, amíg a duplájára nem nő.

g) Ha megkelt a tészta, kilyukasztjuk, és újra lisztezett felületre borítjuk. Nyújtsuk ki körülbelül ½ hüvelyk vastagságúra.

h) Egy kerek kiszúróval vagy egy pohár peremével vágjon ki angol muffin köröket. Körülbelül 12 kört kell kapnod.

i) Egy tepsit szórjunk meg kukoricaliszttel, és helyezzük rá a muffinformákat. A tetejét szórjuk meg további kukoricaliszttel. Konyharuhával letakarjuk és kb 20-30 percig pihentetjük.

j) Melegíts elő egy serpenyőt vagy egy nagy serpenyőt közepes lángon. A muffinokat mindkét oldalukon körülbelül 5-7 percig sütjük, vagy amíg aranybarnák nem lesznek és átsülnek.

k) Ha megsült, hagyja kissé kihűlni a muffinokat, mielőtt villával szétvágja és megpirítja.

l) Tálalja házi citromos kakukkfüves angol muffinjait melegen, kedvenc kenőanyagaival vagy feltéteivel. Élvezd!

6.Áfonya citromos sajttorta zab

ÖSSZETEVŐK:
- ¼ csésze zsírmentes görög joghurt
- 2 evőkanál áfonyás joghurt
- ¼ csésze áfonya
- 1 teáskanál reszelt citromhéj
- 1 teáskanál méz

UTASÍTÁS:
a) Keverje össze a zabot és a tejet egy 16 unciás befőttesüvegben; tetejét a kívánt feltétekkel.

b) Hűtőszekrényben egy éjszakán át vagy legfeljebb 3 napig; hidegen tálaljuk.

7. Áfonyás és citromhéjas gofri

ÖSSZETEVŐK:

- 2 csésze univerzális liszt
- 2 evőkanál kristálycukor
- 1 evőkanál sütőpor
- ½ teáskanál só
- 1 citrom héja
- 2 nagy tojás
- 1¾ csésze tej
- ⅓ csésze sózatlan vaj, olvasztott
- 1 teáskanál vanília kivonat
- 1 csésze friss áfonya

UTASÍTÁS:

a) Melegítse elő a gofrisütőt a gyártó utasításai szerint.

b) Egy nagy keverőtálban keverjük össze a lisztet, a cukrot, a sütőport, a sót és a citromhéjat.

c) Egy külön tálban verjük fel a tojásokat. Adjuk hozzá a tejet, az olvasztott vajat és a vaníliakivonatot. Jól összekeverjük.

d) A nedves hozzávalókat a száraz hozzávalókhoz öntjük, és addig keverjük, amíg össze nem áll. Ne keverje túl; néhány csomó jó.

e) A friss áfonyát óvatosan beleforgatjuk a tésztába.

f) A gofrisütőt enyhén kenje ki főzőspray-vel, vagy kenje meg olvasztott vajjal.

g) Öntse a masszát az előmelegített gofrisütőre, a gofrisütő méretének megfelelő ajánlott mennyiséget használva.

h) Zárja le a fedőt, és süsse addig, amíg a gofri aranybarna és ropogós nem lesz.

i) Óvatosan vegye ki a gofrit a vasalóból, és tegye rácsra, hogy kissé lehűljön.

j) Ismételje meg a folyamatot a maradék tésztával, amíg az összes gofri meg nem fő.

k) Az áfonyás és citromhéjas gofrit melegen, friss áfonyával, porcukorral, juharsziruppal vagy egy adag tejszínhabbal tálaljuk.

8. Áfonya citromos croissant

ÖSSZETEVŐK:

- Alap croissant tészta
- ½ csésze áfonya
- 2 evőkanál kristálycukor
- 1 evőkanál kukoricakeményítő
- 1 evőkanál citromhéj
- 1 tojást 1 evőkanál vízzel felverünk

UTASÍTÁS:

a) Nyújtsuk ki a kifli tésztát egy nagy téglalappá.
b) Egy kis tálban keverjük össze az áfonyát, a cukrot, a kukoricakeményítőt és a citromhéjat.
c) Az áfonyás keveréket egyenletesen eloszlatjuk a tészta felületén.
d) A tésztát háromszögekre vágjuk.
e) Minden háromszöget feltekerünk croissant formára.
f) A kifliket bélelt tepsire tesszük, lekenjük tojással, és 1 órát kelesztjük.
g) Melegítsd elő a sütőt 200°C-ra, és süsd a kifliket 20-25 perc alatt aranybarnára.

9. Citromos menta tea

ÖSSZETEVŐK:

- 1½ csésze forrásban lévő víz
- 3 teáskanál instant tea
- 6 szál menta
- 1 csésze forrásban lévő víz
- 1 csésze cukor
- ½ csésze citromlé

UTASÍTÁS:

a) Keverjen össze 1-½ csésze forrásban lévő vizet, instant teát és mentát.

b) S tep, lefedve, 15 percig.

c) Keverjünk össze 1 csésze forrásban lévő vizet, cukrot és citromlevet.

d) Szűrés után keverjük össze a második keveréket a mentás keverékkel.

e) Adjunk hozzá 4 csésze hideg vizet.

10. Citromos sajtos zsemle

ÖSSZETEVŐK:
TÉSZTA
- 1 csésze víz
- ¼ csésze cukor
- 1 nagy tojás, jól felverve
- 2 evőkanál vaj
- ¾ teáskanál só
- 4 csésze kenyérliszt
- 1 evőkanál száraz tej
- 1½ teáskanál aktív száraz élesztő

TÖLTŐ
- 1 csésze ricotta sajt, egy rész sovány tej
- ¼ csésze citromlé (1 citromból)
- ¼ csésze cukor
- ¼ teáskanál citromhéj (1 citromból)

FELTÉTEL
- ½ csésze cukrászcukor
- 1 teáskanál citromlé
- Víz (a kívánt állag eléréséhez szükséges)

UTASÍTÁS:
TÖSZTA:
a) A tészta hozzávalóit a tepsibe mérjük (kivéve az élesztőt).

b) Erősen ütögesse meg az edényt, hogy az összetevők egyenlege legyenek, majd szórja meg az élesztőt a liszt közepébe.

c) Helyezze be biztonságosan a tepsit a kenyérsütőgépbe, és zárja le a fedelet.

d) Válassza ki a DOUGH beállítást, és nyomja meg a Start gombot.

e) A gép hangjelzést ad, és a TELJES jelzőfény kigyullad, amikor a tészta elkészült.

f) Vegye ki a tésztát a tepsiből.

TÖLTŐ:

g) Egy külön tálban keverjük össze a töltelék hozzávalóit, és keverjük össze alaposan.

ÖSSZESZERELÉS:

h) Nyújtsa ki a tésztát egy 12x15 hüvelykes négyzetre.

i) A tölteléket egyenletesen elosztjuk a tésztán.

j) A tésztát hosszában kinyújtjuk, és a tekercset 12 részre vágjuk.

k) A vágott oldalával lefelé egy kivajazott tepsibe tesszük.

l) Fedjük le a tésztát, és hagyjuk állni 15 percig.

SÜTÉS:

m) Melegítsd elő a sütőt 190°C-ra (375°F).

n) Süssük a zsemléket 15-20 percig, vagy amíg aranybarnák nem lesznek.

o) Hűtsük le a zsemléket egy sütőrácson.

FELTÉTEL:

p) Egy külön tálban keverjük össze az öntet összes hozzávalóját.

q) Adjunk hozzá ½ teáskanálnyi vizet, amíg el nem érjük a kívánt állagot.

r) A kihűlt zsemlékre kanalazzuk a feltétet.

s) Élvezze a házi citromsajtos zsemlét!

11. Citromos muffin

ÖSSZETEVŐK:

- 1 egész tojás
- 1 csésze Carbquik
- 2 evőkanál Splenda (vagy ízlés szerint)
- 1 teáskanál reszelt citromhéj
- $\frac{1}{4}$ csésze citromlé
- $\frac{1}{8}$ csésze víz
- 1 evőkanál olaj
- 1 evőkanál mák (elhagyható)
- 1 teáskanál sütőpor
- Egy csipet só

UTASÍTÁS:

a) A sütő előmelegítése: Melegítse elő a sütőt 200 °C-ra. Helyezzen egy-egy papír sütőpoharat mind a 6 normál méretű muffinformába, vagy csak a muffinformák alját kenje meg zsírral.

b) Keverjük össze a tésztát: Egy közepes méretű tálban verjük fel kissé a tojást. Ezután keverje hozzá a Carbquikot, a Splendát, a reszelt citromhéjat, a citromlevet, a vizet, az olajat, a mákot (ha használ), a sütőport és egy csipet sót. Addig keverjük, amíg a keverék éppen megnedvesedett; ne keverjük túl.

c) A tészta felosztása: A muffintésztát egyenletesen elosztjuk az előkészített muffincsészék között.

d) Sütés: Süssük a muffinokat előmelegített sütőben 15-20 percig, vagy amíg a teteje aranybarna nem lesz. A sütési idő vége felé figyeljük őket, nehogy túlsüljenek.

e) Ha elkészült, vegyük ki a muffinokat a sütőből, és hagyjuk a muffincsészékben néhány percig hűlni.

f) Tegye át a muffinokat egy rácsra, hogy teljesen kihűljön.
g) Élvezze a házi Carbquik citromos muffinokat!

ELŐÉTELEK ÉS NAGYSZEREK

12. Citrom Churros

ÖSSZETEVŐK:
- 1 csésze víz
- 2 evőkanál cukor
- ½ teáskanál só
- 2 evőkanál növényi olaj
- 1 csésze univerzális liszt
- 1 citrom héja
- Növényi olaj sütéshez
- ¼ csésze cukor (a bevonáshoz)
- 1 teáskanál őrölt fahéj (a bevonáshoz)
- Citrommáz (porcukorral és citromlével készül)

UTASÍTÁS:
a) Egy serpenyőben keverje össze a vizet, cukrot, sót és növényi olajat. Forraljuk fel a keveréket.

b) Vegyük le a serpenyőt a tűzről, és adjuk hozzá a lisztet és a citromhéjat. Addig keverjük, amíg a keverék tésztagolyót nem kap.

c) Melegítsünk növényi olajat egy mély serpenyőben vagy edényben közepes lángon.

d) Tegye át a tésztát egy csillaghegyű csőzsákba.

e) A tésztát belesimítjuk a forró olajba, és késsel vagy ollóval 4-6 hüvelyk hosszúságúra vágjuk.

f) Minden oldalról aranybarnára sütjük, időnként megforgatva.

g) A churrot kivesszük az olajból, és papírtörlőn lecsepegtetjük.

h) Egy külön tálban keverjük össze a cukrot és a fahéjat. Forgassa meg a churros-t a fahéjas cukorral, amíg bevonat nem lesz.

i) A churrosra kenjük a citrommázat.

j) A citromos churrot melegen tálaljuk.

13. Citromos Jalapeño Perec falatok

ÖSSZETEVŐK:

- 1 evőkanál olívaolaj
- 3 jalapeño kimagozva és apróra vágva
- Kóser só
- 2 (4 uncia) csomag perec falat
- 4 uncia krémsajt, szobahőmérsékleten
- ½ teáskanál finomra reszelt citromhéj
- 1 evőkanál citromlé
- Egy csipetnyi csípős szósz
- 1 uncia extra éles narancssárga Cheddar, durvára reszelve (kb. ½ csésze), plusz még több szóráshoz
- 1 mogyoróhagyma finomra vágva, plusz még a szóráshoz

UTASÍTÁS:

a) Melegítsük elő a sütőt 400°F-ra. Egy tepsit kibélelünk sütőpapírral.

b) Melegíts fel egy közepes serpenyőt közepes lángon. Adjuk hozzá az olívaolajat, majd a jalapenót és ¼ teáskanál sót. Időnként megkeverve addig főzzük, amíg a jalapeňok megpuhulnak, ami körülbelül 2 percig tart. Vegyük le a tűzről.

c) Eközben egy vágókéssel és ferdén dolgozva távolítsa el minden perec tetejét, hagyva egy 1 hüvelykes nyílást. a hüvelykujjával nyomja be és körbe, hogy lenyomjon néhány perecet, és nagyobb nyílást hozzon létre.

d) Egy tálban keverjük össze a krémsajtot, a citromhéj levét és a forró mártást. hajtsd bele a jalapeňot, a cheddart és a mogyoróhagymát. helyezze át a keveréket egy visszazárható műanyag zacskóba.

e) Vágja le a zacskó sarkát, és töltsön fel minden perecet. tedd át az előkészített tepsire, szórd meg további sajttal, és süsd, amíg a sajt megolvad, 5-6 percig. tálalás előtt megszórjuk mogyoróhagymával, ha szükséges.

14. Citromszeletek

ÖSSZETEVŐK:
A KÉGRE:
- 1 csésze (2 rúd) sózatlan vaj, megpuhult
- ½ csésze kristálycukor
- 2 csésze univerzális liszt
- Csipet só

A citromos töltelékhez:
- 4 nagy tojás
- 2 csésze kristálycukor
- ⅓ csésze univerzális liszt
- ½ csésze frissen facsart citromlé (kb. 4 citrom)
- 2 citrom héja
- Porcukor (porozáshoz)

UTASÍTÁS:
A KÉGRE:

a) Melegítsd elő a sütőt 175°C-ra (350°F). Kivajazunk egy 9x13 hüvelykes tepsit.

b) Egy tálban habosra keverjük a puha vajat és a kristálycukrot.

c) Fokozatosan adjuk hozzá a lisztet és a sót, keverjük addig, amíg omlós tésztát nem kapunk.

d) A tésztát egyenletesen az előkészített tepsi aljába nyomkodjuk.

e) Előmelegített sütőben 15-20 percig sütjük, vagy amíg a szélei enyhén aranybarnák nem lesznek. Vegyük ki a sütőből és tegyük félre.

A citromos töltelékhez:

f) Egy külön tálban keverjük jól össze a tojásokat, a kristálycukrot, a lisztet, a citromlevet és a citromhéjat.

g) Öntsük a citromos keveréket a megsült héjra.

h) Tegye vissza az edényt a sütőbe, és süsse további 20-25 percig, vagy amíg a citromos töltelék megszilárdul, és a serpenyő finom megrázásakor már nem rezeg.

i) Hagyja a citromrúdokat teljesen kihűlni a serpenyőben.

j) Ha kihűlt, porcukorral meghintjük a tetejét, és kockákra vágjuk.

15. Citrom keksz

ÖSSZETEVŐK:

- 2½ csésze cukor
- 1 csésze rövidítés
- 2 evőkanál Bakers Ammonia
- 1 teáskanál citromolaj
- 2 tojás
- 2 evőkanál tej (új)
- 1 pint tej (új)
- Liszt

UTASÍTÁS:

a) Kezdje azzal, hogy egy éjszakán át áztassa a pék ammóniáját egy fél liter tejben.
b) Egy külön tálban külön verjük fel a tojásokat, és adjunk a sárgájához 2 evőkanál tejet.
c) Egy nagy keverőtálban keverje össze a cukrot, a cukrot, az áztatott ammóniát, a citromolajat és a felvert tojásokat a tejjel.
d) Fokozatosan adjunk hozzá annyi lisztet, hogy a tészta kemény legyen.
e) A tésztát vékonyra kinyújtjuk, és villával jól megszurkáljuk.
f) Süssük, de az eredeti receptben nincs megadva konkrét hőmérséklet vagy sütési idő. Megpróbálhatja megsütni őket 220 °C-on, amíg aranybarnák nem lesznek. Vigyázzon rájuk, nehogy túlsüljön.
g) Ezek a citromos kekszek, bár nem tartalmaznak specifikus hőmérsékleti és időre vonatkozó utasításokat, egyedülálló csemege citromos ízzel.
h) Élvezze a kísérletezést a sütési idővel és hőmérséklettel, hogy elérje a kívánt állagot és színt.

16. Citrombors Pita Crisps

ÖSSZETEVŐK:

- 4 kör pita kenyér
- 2 evőkanál olívaolaj
- 1 citrom héja
- 1 teáskanál fekete bors
- ½ teáskanál só

UTASÍTÁS:

a) Melegítsük elő a sütőt 190 °C-ra (375 °F).

b) Vágja a pita kenyeret kis háromszögekre vagy kívánt formákra.

c) Egy kis tálban keverje össze az olívaolajat, a citromhéjat, a fekete borsot és a sót.

d) Kenjük meg a pita háromszögek mindkét oldalát olívaolajos keverékkel.

e) Sütőpapírral bélelt tepsibe rendezzük a pita háromszögeket.

f) Süssük 10-12 percig, vagy amíg ropogós és enyhén aranybarna nem lesz.

g) Tálalás előtt hagyjuk kihűlni a chipseket.

17. Citromos túrós sütemény

ÖSSZETEVŐK:

- 2 csésze univerzális liszt
- ¼ csésze kristálycukor
- 1 evőkanál sütőpor
- ½ teáskanál só
- ½ csésze sótlan vaj, hidegen és kockára vágva
- ¾ csésze író
- 1 teáskanál vanília kivonat
- Citromos túró
- Friss málna
- Friss eper, szeletelve
- Tejszínhab, tálaláshoz

UTASÍTÁS:

a) Melegítsd elő a sütőt 220°C-ra (425°F).

b) Egy nagy tálban keverjük össze a lisztet, a cukrot, a sütőport és a sót.

c) A száraz hozzávalókhoz adjuk a hideg kockára vágott vajat. Pogácsaszaggatóval vagy ujjaival vágja a vajat a lisztes keverékhez, amíg durva morzsára nem hasonlít.

d) A keverék közepébe mélyedést készítünk, és beleöntjük az írót és a vaníliakivonatot. Addig keverjük, amíg össze nem áll.

e) A tésztát lisztezett felületre borítjuk, és néhányszor óvatosan átgyúrjuk, amíg összeáll.

f) A tésztát 1 hüvelyk vastag gömbölyűre verjük, és kiszaggatóval kiszaggatjuk.

g) A tortákat sütőpapírral bélelt tepsire helyezzük.

h) 12-15 percig sütjük, vagy amíg aranybarna nem lesz.

i) Vegyük ki a sütőből és hagyjuk kicsit kihűlni.

j) A süteményt vízszintesen kettévágjuk. Az alsó felét citromtúróval kenjük, majd egy réteg friss málnát és szeletelt epret teszünk bele. A torta másik felével megkenjük és tejszínhabbal tálaljuk.

18. Lemon Verbena Madeleines

ÖSSZETEVŐK:

- 2 csésze szitálatlan süteményliszt
- 1 teáskanál Sütőpor
- ½ teáskanál Só
- 1 csésze sózatlan vaj, szobahőmérsékleten
- 1 ⅔ csésze kristálycukor
- 5 nagy tojás
- 1 ½ teáskanál vanília kivonat
- Citromos verbéna szirup (a recept a következő)
- Citromos verbéna szirup:
- ½ csésze víz
- ½ csésze granulált cukor
- ¼ csésze friss citromos verbénalevél, enyhén csomagolva (vagy 2 evőkanál szárított citromos verbénalevél)

UTASÍTÁS:

a) Melegítse elő a sütőt 325 Fahrenheit-fokra (160 Celsius-fok), és helyezze a rácsot a sütő közepére. Kenje meg a Madeleine tepsit puha vajjal, majd szórja meg liszttel, a felesleges lisztet kiütögetve. Félretesz, mellőz.

b) Egy tálba szitáljuk össze a tortalisztet, a sütőport és a sót. Tegye félre a száraz keveréket.

c) Egy keverőtálban, lapáttal ellátott elektromos keverővel verje fel a sótlan vajat, amíg puha és puha nem lesz.

d) Fokozatosan adjuk hozzá a kristálycukrot a vajhoz, és verjük tovább, amíg a keverék nagyon világos és krémes nem lesz.

e) Egyenként adjuk hozzá a tojásokat a keverékhez, minden hozzáadás után alaposan verjük fel. Belekeverjük a vaníliakivonatot.

f) Fokozatosan keverje hozzá a száraz lisztes keveréket a nedves tésztához, amíg minden jól össze nem áll.

g) Egy spatula segítségével kaparja a masszát az előkészített Madeleine serpenyőkbe, teljesen kiegyenlítve. A tepsi széleit papírtörlővel megtisztítjuk.

h) Süssük a Madeleine-t az előmelegített sütőben körülbelül 10-15 percig, vagy amíg a sütemények megkelnek és aranybarnák a tetejük. Helyezzen be egy tesztert a Madeleine közepébe; tisztán kell kijönnie, amikor teljesen megsültek.

i) Vegye ki a Madeleine-t a sütőből, és csúsztassa egy kést az oldalukra, hogy meglazítsa őket. Döntse ki a süteményeket egy rácsra, jobb oldalával felfelé.

j) Amíg a Madeleine még meleg, egy vékony nyárssal szúrj ki egy lyukat minden sütemény tetejére.

k) Készítse el a citromos verbéna szirupot: Egy kis serpenyőben keverje össze a vizet, a kristálycukrot és a friss citromos verbéna leveleket. Forraljuk fel a keveréket, keverjük addig, amíg a cukor fel nem oldódik. Vegyük le a serpenyőt a tűzről, és hagyjuk állni a szirupot körülbelül 10 percig. Szűrjük le a szirupot, hogy eltávolítsuk a citromos verbéna leveleket.

l) Öntsön 1 teáskanál meleg citromos verbéna szirupot minden Madeleine-re, hagyja, hogy beszívódjon, és elvarázsolja a süteményeket elragadó ízével.

m) Hagyja teljesen kihűlni a Madeleine-t, majd tárolja őket légmentesen záródó edényben.

n) Élvezze ezeket a kellemes Lemon Verbena Madeleine-eket, amelyek a citromos verbéna aromás esszenciájával vannak átitatva. Elragadó csemege tea vagy kávé kísérőjeként, az illatos szirup pedig még egy kis édességet és ízt ad hozzá. A maradékot légmentesen záródó edényben tárolja frissességük megőrzése érdekében.

19.Citromos brownie

ÖSSZETEVŐK:

- 1 csésze sózatlan vaj, olvasztott
- 2 csésze kristálycukor
- 4 nagy tojás
- 1 teáskanál vanília kivonat
- 1 evőkanál citromhéj
- 2 evőkanál friss citromlé
- 1 ½ csésze univerzális liszt
- ½ teáskanál só
- ½ csésze porcukor (a porozáshoz)

UTASÍTÁS:

a) Melegítsük elő a sütőt 350 °F-ra, és zsírozzanak ki egy 9x13 hüvelykes sütőedényt.
b) Egy nagy tálban az olvasztott vajat és a kristálycukrot jól összekeverjük.
c) Adjuk hozzá a tojást, a vaníliakivonatot, a citromhéjat és a citromlevet, és keverjük simára.
d) Egy külön tálban keverjük össze a lisztet és a sót.
e) Fokozatosan adjuk hozzá a száraz hozzávalókat a nedves hozzávalókhoz, addig keverjük, amíg össze nem áll.
f) A masszát az előkészített tepsibe öntjük és egyenletesen elosztjuk.
g) 25-30 percig sütjük, vagy amíg a közepébe szúrt fogpiszkálóból néhány nedves morzsa ki nem jön.
h) Hagyja a brownie-kat teljesen kihűlni.
i) Porcukorral meghintjük a tetejét.
j) Négyzetekre vágva tálaljuk.

20. Mini citromszeletek

ÖSSZETEVŐK:

- 1 csésze univerzális liszt
- ¼ csésze porcukor
- ½ csésze sózatlan vaj, lágyított
- 2 nagy tojás
- 1 csésze kristálycukor
- 2 evőkanál univerzális liszt
- ¼ teáskanál sütőpor
- 2 evőkanál citromlé
- 1 citrom héja
- Porcukor (porozáshoz)

UTASÍTÁS:

a) Melegítsük elő a sütőt 350 °F-ra (175 °C).

b) Egy keverőtálban keverj össze 1 csésze lisztet, ¼ csésze porcukrot és a puha vajat, amíg omlós nem lesz.

c) Nyomjuk a keveréket egy kivajazott 8x8 hüvelykes tepsi aljába.

d) Süssük a héjat 15-20 percig, vagy amíg enyhén aranybarna nem lesz.

e) Egy másik tálban keverjük jól össze a tojásokat, a kristálycukrot, a 2 evőkanál lisztet, a sütőport, a citromlevet és a citromhéjat.

f) Öntsük a citromos keveréket a megsült héjra.

g) Süssük további 20-25 percig, vagy amíg a teteje megpuhul és enyhén megpirul.

h) Hagyja teljesen kihűlni a mini citromszeleteket, majd vágja falatnyi négyzetekre.

i) Tálalás előtt porcukorral meghintjük a tetejét.

21.Limonádé szarvasgomba

ÖSSZETEVŐK:

- 26 uncia fehér csokoládé, osztva
- 6 evőkanál vaj
- 1 evőkanál citromhéj
- 1 teáskanál citromlé
- ⅓ teáskanál borkősav Csipet só
- 2 evőkanál eper befőtt

UTASÍTÁS:

a) Temperálja meg az összes fehér csokoládét az itt leírt módszerrel, és ellenőrizze, hogy jó az indulata, ha megken egy kis csokit a pultra.

b) Ezt 2 percen belül be kell állítani. Tegyél félre 16 unciát.

c) A vajat megpuhítjuk a mikrohullámú sütőben, majd sütőpapírpárnában (lásd itt) addig gyúrjuk, amíg a vaj meleg nem lesz és arckrém állagú lesz.

d) Keverje hozzá a vajat 10 uncia temperált csokoládéhoz, amíg a keverék jól keveredik és selymesnek tűnik.

e) Adjuk hozzá a többi hozzávalót és jól keverjük össze.

f) Csővelje a ganache-t 1 hüvelykes négyzet alakú formákba.

g) Hagyja állni a pulton, vagy tegye a hűtőszekrénybe 20 percre, hogy megszilárduljon.

h) Mártásra készek, ha a ganache tisztán kikerül a formából.

i) Egy kétágú merítővillával mártsuk a szarvasgombát a maradék 16 uncia temperált fehér csokoládéba.

j) Díszítsd úgy, hogy minden szarvasgomba tetejére rózsaszínes-sárga kakaóvajat teszel, mielőtt a következőt mártod.

k) Hagyja hűvös helyen 10-20 percig, mielőtt leveszi a transzfer lapot.

l) Legfeljebb 3 hétig tárolja szobahőmérsékleten, sötét helyen, szagtól és hőtől távol.

DESSZERT

22. Citromos tükörmázas macaronok

ÖSSZETEVŐK:
A MACARON HÉJÁHOZ:
- 1 csésze mandulaliszt
- 1 csésze porcukor
- 2 nagy tojásfehérje, szobahőmérsékleten
- ¼ csésze kristálycukor
- 1 citrom héja
- Sárga zselés ételfesték (opcionális)

A citromtúrós töltelékhez:
- 2 citrom leve
- 1 citrom héja
- ½ csésze kristálycukor
- 2 nagy tojás
- 4 evőkanál (56 g) sótlan vaj, kockára vágva

A CITROMOS TÜKÖRMÁZHOZ:
- ½ csésze víz
- 1 csésze kristálycukor
- ½ csésze világos kukoricaszirup
- ½ csésze (60 g) cukrozatlan citromlé
- 2 evőkanál zselatin por
- Sárga zselés ételfesték (opcionális)

UTASÍTÁS:
A MACARON HÉG ELKÉSZÍTÉSE:
a) Két tepsit kibélelünk sütőpapírral vagy szilikon tepsit.
b) Aprítógépben keverjük össze a mandulalisztet és a porcukrot. Pulzáljon, amíg jól össze nem áll és finom állagú. Tedd át egy nagy keverőtálba.
c) Egy másik keverőtálban verjük habosra a tojásfehérjét. Fokozatosan adjuk hozzá a kristálycukrot, miközben tovább verjük. Addig verjük, amíg kemény csúcsok

képződnek. Opcionálisan adjunk hozzá néhány csepp sárga zselés ételfestéket és citromhéjat, és keverjük egyenletesen eloszlásig.

d) A mandulalisztes keveréket egy spatula segítségével óvatosan keverjük a tojásfehérje keverékhez. Hajtsa össze, amíg a tészta sima nem lesz és szalagszerű állagot nem kap. Ügyeljen arra, hogy ne keverje túl.

e) Tegye át a macarontésztát egy gömbölyű hegyű zsákba.

f) Az előkészített tepsire kis köröket (kb. 1 hüvelyk átmérőjű) csípünk, és hagyjunk köztük helyet. Érintse meg a sütőlapokat a pulton, hogy a légbuborékok kiszabaduljanak.

g) Hagyja a macaronokat szobahőmérsékleten körülbelül 30 percig állni, amíg bőr nem képződik a felületén. Ez a lépés elengedhetetlen a sima héjhoz.

h) Amíg a macaronok pihennek, melegítse elő a sütőt 150 °C-ra.

i) A macaronokat 15 percig sütjük, félidőben megforgatjuk a tepsit.

j) Vegye ki a macaronokat a sütőből, és hagyja hűlni néhány percig a tepsiben, mielőtt rácsra helyezi, hogy teljesen kihűljön.

A citromtúrós töltelék ELKÉSZÍTÉSE:

k) Egy serpenyőben keverjük össze a citromlevet, a citromhéjat, a kristálycukrot és a tojásokat. Közepes lángon addig keverjük, amíg a keverék besűrűsödik, körülbelül 5-7 percig.

l) Vegyük le a serpenyőt a tűzről, és keverjük bele a kockára vágott vajat, amíg teljesen el nem keveredik.

m) Tegye át a citromtúrót egy tálba, fedje le műanyag fóliával (közvetlenül érintse meg a felületet, nehogy bőr képződjön), és tegyük hűtőbe, amíg kihűl és megdermed, körülbelül 1 órára.

A MACARONOK ÖSSZEÁLLÍTÁSA:

n) Párosítsd a macaron héjakat hasonló méretű párokra.

o) Töltsön meg egy zacskót citromtúrós töltelékkel, és mindegyik párból csepegtessen rá egy kis mennyiséget egy macaron héjra.

p) Finoman nyomja meg a második héjat a tetejére, hogy szendvicset készítsen. Ismételje meg a többi macaronnal.

q) A citromos tükörmáz elkészítése:

r) Egy kis tálban keverje össze a zselatint 2 evőkanál hideg vízzel. Hagyja néhány percig virágozni.

s) Egy serpenyőben keverje össze a vizet, a kristálycukrot és a kukoricaszirupot. Közepes lángon, folyamatos kevergetés mellett felforraljuk, amíg a cukor fel nem oldódik.

t) Vegyük le a keveréket a tűzről, és keverjük hozzá a citromlevet.

u) Adjuk hozzá a kivirágzott zselatint a citromos keverékhez, és addig keverjük, amíg a zselatin teljesen fel nem oldódik.

v) Ha szükséges, adjunk hozzá néhány csepp sárga zselés ételfestéket, hogy élénk citromszínt kapjunk.

A MACARONOK MAZÁSA:

w) Helyezzen rácsot a tepsire, hogy a felesleges mázt felfogja.

x) Minden macaront a tetejénél fogva mártsa be az alját a citromos tükörmázba. Hagyja, hogy a felesleges máz lecsepegjen.

y) Helyezze a mázas macaronokat a rácsra körülbelül 30 percre, amíg a máz megszilárdul.

z) Tárolja a citromos tükörmázas macaronokat légmentesen záródó edényben a hűtőszekrényben legfeljebb három napig. Élvezze az elragadó citromos finomságokat!

23. Pisztácia citrom Éclairs

ÖSSZETEVŐK:

Kandírozott citromhoz (OPCIONÁLIS):
- 10 db sunquat (mini citrom)
- 2 csésze víz
- 2 csésze cukor

PISZTÁCIAPASZTÁHOZ:
- 60 g héj nélküli pisztácia (nem pörkölt)
- 10 g szőlőmagolajat

Pisztáciás-citromos mousseline KRÉMHEZ:
- 500 g tej
- 2 citrom héja
- 120 g sárgája
- 120 g cukor
- 40 g kukoricakeményítő
- 30 g pisztácia paszta (vagy 45 g bolti vásárlás esetén)
- 120 g lágy vaj (kockákra vágva)

PISTÁCÁS MARCIPÁNHOZ:
- 200 g marcipán
- 15 g pisztácia paszta
- Zöld ételfesték (gél)
- Egy kis porcukor

CHOUX SZÜTEMÉNYHEZ:
- 125 g vaj
- 125 g tej
- 125 g víz
- 5 g cukor
- 5 g só
- 140 g liszt
- 220 g tojás

MÁZHOZ:
- 200 g nappage neutre (semleges zselés máz)

- 100 g víz
- Zöld ételfesték (gél)

DÍSZÍTÉSRE:
- Őrölt pisztácia

UTASÍTÁS:

Kandírozott citrom (elhagyható):

a) Készítsen jeges fürdőt (egy fazék vízzel és jéggel), és tegye félre.

b) Éles késsel vágjon vékony citromszeleteket. Dobja el a magokat.

c) Egy másik serpenyőben vizet forralunk. Vegyük le a tűzről, és azonnal adjuk hozzá a citromszeleteket a forró vízhez. Addig keverjük, amíg a szeletek megpuhulnak (kb. perc).

d) Öntse ki a forró vizet egy szitán, majd tegye a citromszeleteket egy másodpercre a jégfürdőbe. A szita segítségével öntsük ki a jeges vizet.

e) Egy nagy fazékban, erős lángon keverjük össze a vizet és a cukrot. Addig keverjük, amíg a cukor elolvad, majd felforraljuk.

f) Csökkentse a hőt közepesre, és csipesszel helyezze a citromszeleteket a vízbe, hogy lebegjenek. Lassú tűzön főzzük, amíg a héja átlátszóvá nem válik, körülbelül 1 és fél óra.

g) A citromokat csipesszel kivesszük, és hűtőrácsra helyezzük. Tegyünk egy darab sütőpapírt a hűtőrács alá, hogy felfogja a citromszeletekről lecsepegő szirupot.

PISZTÁCIAPASZTA:

h) Melegítsük elő a sütőt 160°C-ra (320°F).

i) Süssük a pisztáciát egy tepsiben körülbelül 7 percig, amíg kissé megbarnul. Hagyd kihűlni.
j) A kihűlt pisztáciát egy kis robotgépben őröljük porrá. Adjuk hozzá az olajat, és őröljük újra, amíg paszta nem lesz. Felhasználásig hűtőszekrényben tároljuk.
k) Pisztácia-citromos mousseline krém:
l) A tejet felforraljuk. Lekapcsoljuk a tüzet, hozzáadjuk a citromhéjat, lefedjük, és 10 percig állni hagyjuk.
m) Egy tálban keverjük össze a tojássárgáját és a cukrot. Azonnal habosra keverjük, majd hozzáadjuk a kukoricakeményítőt, és újra felverjük.
n) Habverés közben adjuk hozzá a meleg tejet. A keveréket szitán át öntsük egy tiszta serpenyőbe, dobjuk ki a szitán maradt citromhéjat.
o) Közepes lángon melegítjük, és addig keverjük, amíg a keverék besűrűsödik és krémes lesz. Vegyük le a tűzről.
p) Öntse a tejszínt a pisztáciapasztát tartalmazó tálba. Egyneművé keverjük. Fedjük le műanyag fóliával, hogy megakadályozzuk a kéreg kialakulását, és hűtsük le.
q) Amikor a tejszín eléri a 40 °C-ot, fokozatosan adjuk hozzá a lágy vajat, és jól keverjük össze. Fedjük le műanyag fóliával és hűtsük le.

CHOUX PÜTEMÉNY:

r) A lisztet átszitáljuk és félretesszük.
s) Egy serpenyőben adjunk hozzá vajat, tejet, vizet, cukrot és sót. Közepes lángon addig melegítjük, amíg a vaj elolvad és a keverék fel nem forr.
t) Vegyük le a tűzről, azonnal adjuk hozzá a lisztet, és alaposan keverjük össze, amíg egynemű, burgonyapürére emlékeztető keveréket nem kapunk. Ez a panade mix.

u) Lassú tűzön, spatulával keverve szárítsa a panádot körülbelül egy percig, amíg el nem kezd húzódni a serpenyő oldalairól és megdermed.

v) Tegye át a panádot egy keverőtálba, és kissé hűtse le. Egy külön edényben verjük fel a tojásokat, és fokozatosan adjuk hozzá a turmixgéphez, és várjuk meg, amíg minden egyes hozzávaló összeáll, mielőtt még hozzáadunk.

w) Keverje alacsony, közepes sebességgel, amíg a tészta sima, fényes és stabil nem lesz.

x) Melegítsük elő a sütőt 250°C-ra (480°F). Egy tepsit kibélelünk sütőpapírral vagy vékonyan vajjal.

y) Csőzzön 12 cm hosszú tésztacsíkokat a tálcára. Sütés közben ne nyissa ki a sütő ajtaját.

z) 15 perc elteltével nyissa ki kissé a sütő ajtaját (kb. 1 cm-re), hogy kiengedje a gőzt. Zárja le, és állítsa a hőmérsékletet 170 °C-ra (340 °F). 20-25 percig sütjük, amíg az éclairs megbarnul.

aa) Ismételje meg a maradék tésztával.

PISZTÁCIÁS MARCIPÁN:

bb) A marcipánt kockákra vágjuk, és lapos habverővel puhára és egyneműre keverjük. Adjunk hozzá pisztáciapasztát és zöld ételfestéket (ha szükséges), és keverjük egyneművé.

cc) Nyújtsuk ki a marcipánt 2 mm vastagra, és vágjunk csíkokat az éclaire-hez.

ÖSSZESZERELÉS:

dd) Vágjon két kis lyukat minden éclair aljába.

ee) A lyukakon keresztül töltsön meg minden éclairt a pisztáciás-citromos krémmel.

ff) Kenje meg a mázat minden marcipáncsík egyik oldalát, és rögzítse az éclaire-hez.

gg) Mártson minden éclairt a mázba, hagyja, hogy a felesleges máz lecsepegjen.

hh) Kandírozott citromszeletekkel vagy apróra vágott pisztáciával díszítjük.

ii) Tálalásig hűtőbe tesszük.

24.Goji, pisztácia és citromtorta

ÖSSZETEVŐK:
A NYERS VEGÁN PISTÁCIAKÉRHEZ:
- 1½ csésze mandulaliszt vagy mandulaliszt
- ½ csésze pisztácia
- 3 randevú
- 1½ evőkanál kókuszolaj
- ½ teáskanál őrölt kardamom por
- ⅛ teáskanál só

TÖLTŐ:
- 1½ csésze kókuszkrém
- 1 csésze citromlé
- 1 evőkanál kukoricakeményítő
- 2 teáskanál agar-agar
- ¼ csésze juharszirup
- ½ teáskanál őrölt kurkuma por
- 1 teáskanál vanília kivonat
- ½ teáskanál goji kivonat

FELTÉTELEK:
- egy marék goji bogyó
- sárkány gyümölcs
- ehető virágok
- csokoládé szívek

UTASÍTÁS:
TART SHELL
a) A mandulalisztet és a pisztáciát aprítógépben/turmixgépben finom morzsára turmixoljuk.

b) Hozzáadjuk a tészta többi hozzávalóját, és jól összekeverjük, amíg egynemű ragadós keveréket nem kapunk.

c) A tésztát egy tortaformába tesszük, és egyenletesen elosztjuk az alapon.

d) Hűtőben hagyjuk dermedni, közben elkészítjük a tölteléket.

TÖLTŐ

e) Melegítsük fel a kókusztejszínt egy közepes serpenyőben, jól keverjük simára és egyneműre.

f) Adjuk hozzá a többi töltelék hozzávalót, beleértve a kukoricakeményítőt és az agar agart is.

g) Folyamatos keverés közben felforraljuk, és néhány percig főzzük, amíg sűrűsödni kezd.

h) Amikor a keverék besűrűsödik, vegyük le a tűzről, és hagyjuk hűlni 10-15 percig.

i) Ezután öntsük a tésztalapra, és hagyjuk teljesen kihűlni.

j) Hűtőbe tesszük legalább pár órára, amíg a töltelék teljesen megszilárdul.

k) Díszítsd goji bogyókkal, sárkánygyümölcsgolyókkal és ehető virágokkal, vagy kedvenc feltéteddel.

25. Citromos habcsók-pisztácia pite

ÖSSZETEVŐK:
- 1 adag Pisztácia Crunch
- $\frac{1}{2}$ uncia fehér csokoládé olvasztott
- 1⅓ csésze citromtúró
- 1 csésze cukor
- $\frac{1}{2}$ csésze víz
- 3 tojás fehérje
- $\frac{1}{4}$ csésze citromtúró

UTASÍTÁS:

a) Öntse a pisztáciát egy 10 hüvelykes piteformába. Az ujjaival és a tenyerével erősen nyomkodja a roppanós tésztát a piteformába, ügyelve arra, hogy az alja és az oldala egyenletesen legyen befedve. Tedd félre, amíg elkészíted a tölteléket; Műanyagba csomagolva a kéreg hűtőszekrényben tárolható, legfeljebb 2 hétig.

b) Cukrászecsettel fessünk vékony réteg fehér csokoládét a tészta aljára és oldalára. Tegye a héjat a fagyasztóba 10 percre, hogy a csokoládé megdermedjen.

c) Tegyen 1⅓ csésze citromtúrót egy kis tálba, és keverje meg, hogy kissé lazítsa meg. A citromtúrót kaparjuk fel héjra, és egy kanál vagy egy spatula hátával egyenletes rétegben terítsük el. Tegye a pitét a fagyasztóba körülbelül 10 percre, hogy segítsen megkötni a citromtúrós réteget.

d) Eközben keverje össze a cukrot és a vizet egy kis, vastag aljú serpenyőben, és óvatosan forgassa a cukrot a vízben, amíg nedves homok nem lesz. Helyezze a serpenyőt közepes lángra, és melegítse a keveréket 239 °F-ra, nyomon követve a hőmérsékletet egy azonnali leolvasású vagy cukorka hőmérővel.

e) Amíg a cukor melegszik, tedd a tojásfehérjét egy állványos mixer táljába, és a habverővel kezdd el verni közepesen lágy habbá.

f) Amikor a cukorszirup eléri a 239°F-ot, vedd le a tűzről, és nagyon óvatosan öntsd bele a felvert tojásfehérjébe, ügyelve arra, hogy kerüld a habverést: mielőtt ezt megtennéd, kapcsold le a mixert nagyon alacsony sebességre, hacsak nem akarsz valami érdekes égést. nyomok az arcodon.

g) Ha az összes cukrot sikeresen hozzáadta a tojásfehérjéhez, kapcsolja vissza a keverő sebességét, és hagyja a habcsókot felverni, amíg szobahőmérsékletűre hűl.

h) Amíg a habcsók felverődik, tegyük a $\frac{1}{4}$ csésze citromtúrót egy nagy tálba, és egy spatulával keverjük meg, hogy kissé lazítsa meg.

i) Amikor a habcsók szobahőmérsékletűre hűlt, kapcsolja ki a turmixgépet, vegye ki a tálat, és a habcsókot a spatulával hajtsa a citromtúróba, amíg fehér csíkok nem maradnak, ügyelve arra, hogy a habcsók ne süllyedjen le.

j) Kivesszük a pitét a fagyasztóból, és a citromos habcsókot a citromtúró tetejére kanalazzuk. Egy kanál segítségével egyenletes rétegben kenjük meg a habcsókot, teljesen befedve a citromtúrót.

k) Tálaljuk, vagy tároljuk a pitét a fagyasztóban felhasználásig. Szorosan műanyag fóliába csomagolva, miután keményre fagyasztott, akár 3 hétig is eláll a fagyasztóban. Tálalás előtt hagyjuk a pitét egy éjszakán át a hűtőben, vagy legalább 3 órán át szobahőmérsékleten kiolvadni.

26. Citromos eper mousse torta

ÖSSZETEVŐK:

- 1 csésze Univerzális liszt 250 ml
- ⅓ csésze pirított mogyoró vagy pisztácia; finomra vágott
- 2 evőkanál kristálycukor 25 ml
- ½ csésze sótlan vaj; apró darabokra vágva 125 ml
- 1 tojássárgája 1
- 1 evőkanál citromlé 15 ml
- 2 uncia Házi vagy kereskedelmi piskóta 60 g
- 4 csésze friss eper 1 l
- 1 boríték ízesítetlen zselatinból 1
- ¼ csésze hideg víz 50 ml
- 4 tojássárgája 4
- ¾ csésze granulált cukor; osztva 175 ml
- ¾ csésze citromlé 175 ml
- 1 evőkanál finomra reszelt citromhéj 15 ml
- 4 uncia Krémsajt 125 g
- 1¾ csésze tejszínhab 425 ml
- Apróra vágott pirított pisztácia
- Szitált porcukor

UTASÍTÁS:

a) Melegítsük elő a sütőt 375F/190C-ra.

b) A tészta elkészítéséhez egy nagy tálban keverjük össze a lisztet a dióval és a kristálycukorral. A vajat apróra vágjuk.

c) Keverjük össze a tojássárgáját a citromlével. Megszórjuk a lisztes keverékkel, és a tésztát golyóvá gyúrjuk. Tekerje fel vagy nyomja meg, hogy illeszkedjen egy 9 vagy 10 hüvelykes/23 vagy 25 cm-es rugós tepsi aljához.

d) Süssük 20-25 percig, vagy amíg enyhén megpirul. A piskótát kis darabokra törjük és a tészta tetejére szórjuk.

e) Tartsa le a legjobb nyolc epret a tetejére. A megmaradt bogyókat hámozza le.

f) Vágjon félbe körülbelül tizenkét egyforma méretű bogyót, és helyezze el őket a serpenyő széle mentén úgy, hogy a bogyók vágott oldalát a széléhez nyomja. A maradék bogyókat úgy helyezze el, hogy a hegyük felfelé mutasson a serpenyőbe.

g) A töltelék elkészítéséhez egy kis lábasban zselatint szórunk hideg vízzel.

h) Hagyja 5 percig puhulni. Óvatosan melegítsük, amíg fel nem oldódik.

i) Egy közepes serpenyőben 4 tojássárgáját $\frac{1}{2}$ csésze/125 ml kristálycukorral habosra keverjük. Belekeverjük a citromlevet és meghámozzuk. Folyamatos keverés mellett főzzük, amíg a keverék besűrűsödik és fel nem forr. Hozzákeverjük a feloldott zselatint. Menő.

j) Egy nagy tálban keverje fel a krémsajtot a maradék $\frac{1}{4}$ csésze/50 ml kristálycukorral. A hűvös citromos krémet felverjük.

k) Egy külön edényben a tejszínt habbá verjük. Beleforgatjuk a citromos krémbe.

l) Bogyókra öntjük. Óvatosan rázza fel a serpenyőt, hogy a citromkeverék a bogyók közé essen, és a teteje egyenletes legyen. Hűtőbe tesszük 3-4 órára, vagy amíg meg nem áll.

m) Fuss körbe egy késsel a serpenyő szélét, és távolítsd el az oldalát.

n) Helyezze a tortát a tálalótálra. (Csak akkor távolítsa el a rugós forma alját, ha könnyen eltávolodik.) Rendezzünk 1 hüvelykes/$2\frac{1}{2}$ cm-es viaszos papírcsíkokat a torta tetejére úgy, hogy közben hagyjunk helyet.

o) Szórja meg a helyeket pisztácia dióval. Óvatosan távolítsa el a papírt. Hagyja a héját a fenntartott bogyókon, és vágja félbe. Rendezzük el a bogyókat sorokba üres csíkok mentén. Porcukorral meghintjük.

p) Tálalásig hűtőbe tesszük.

27. Citromos cseresznye mousse

ÖSSZETEVŐK:

- ½ csésze egész természetes mandula
- 1 boríték ízesítetlen zselatin
- 3 evőkanál citromlé
- 1 csésze granulált cukor; megosztott
- 1 doboz (12 uncia) párolt tej
- 1 doboz (21 uncia) meggyes pite töltelék és öntet
- 2 teáskanál reszelt citromhéj
- ¼ teáskanál mandula kivonat
- 4 tojásfehérje

UTASÍTÁS:

a) Egy tepsibe szórjuk a mandulát egy rétegben. 350 fokra felmelegített sütőben 12-15 percig sütjük, időnként megkeverve, amíg enyhén megpirul. Lehűtjük és apróra vágjuk.

b) Szórjunk zselatint 3 evőkanál vízzel egy kis, vastag serpenyőben. Hagyjuk állni 2 percig, amíg a zselatin magába szívja a vizet.

c) Keverje hozzá a citromlevet és ½ csésze cukrot; Keverje a keveréket alacsony lángon, amíg a zselatin és a cukor teljesen fel nem oldódik, és a folyadék tiszta lesz.

d) Öntsön elpárolgott tejet egy nagy keverőtálba; keverjük hozzá a cseresznyés pite tölteléket, a citromhéjat és a mandula kivonatot. Hozzákeverjük a feloldott zselatin keveréket, alaposan összekeverjük.

e) Hűtsük le, amíg a keverék sűrű és pudingszerű lesz.

f) A tojásfehérjét verjük világos habbá. Fokozatosan adjuk hozzá a maradék cukrot.

g) A verést addig folytatjuk, amíg kemény habcsók nem lesz. Hajtsd a habcsókot a cseresznye keverékbe. Óvatosan beleforgatjuk az apróra vágott mandulát.

h) A mousse-t kanalazzuk 8 adagolótálba. Tálalás előtt fedjük le és hűtsük legalább 2 órára vagy egy éjszakára.

28. Citromos jeges torta rebarbara szósszal

ÖSSZETEVŐK:
A KÉGRE:
- 3 csésze blansírozott szeletelt mandula, pirítva (körülbelül 12 uncia)
- ½ csésze cukor
- 5 evőkanál olvasztott margarin
- ¼ teáskanál őrölt fahéj
- ⅓ csésze eper befőtt

A TORTEHEZ:
- 3 pint citrom vagy ananász jég, sörbet vagy szorbet
- 1 csésze cukor
- ½ csésze víz
- 1 vaníliarúd hosszában kettévágva

AZ EPER-REBARBARÁS SZÓZSHOZ:
- 1 20 uncia zacskó fagyasztott cukrozatlan rebarbara
- 1 20 uncia zacskó fagyasztott cukrozatlan eper
- 1 pint kosár friss eper
- Friss menta ágak (díszítéshez)

UTASÍTÁS:
A KÉGRE:
a) Aprítógépben keverjük össze a pirított mandulát és a cukrot. Addig dolgozzuk, amíg finomra nem vágjuk.

b) Tegye át a mandula-cukor keveréket egy közepes tálba.

c) Az olvasztott margarint és az őrölt fahéjat jól összekeverjük a mandulás keverékkel.

d) Tegye át a mandula keveréket egy 9 hüvelyk átmérőjű rugós formába. Használjon műanyag fóliát, hogy a mandula keveréket erősen nyomja 2 hüvelykre az oldalakon és egyenletesen az edény alján. Fagyassza le a héjat 15 percig.

e) Melegítsd elő a sütőt 175°C-ra (350°F). Helyezze a serpenyőt a kéreggel egy tepsire, és süsse 20 percig, vagy amíg a kéreg megszilárdul és enyhén aranybarna. Ha a kéreg oldala megcsúszik sütés közben, egy villa hátával nyomjuk vissza a helyükre.

f) Helyezze a serpenyőt egy rácsra, és hagyja teljesen kihűlni a héjat.

g) Olvasszuk fel az eper befőttet egy nehéz, kis serpenyőben. Az olvasztott befőtteket beleöntjük a kihűlt kéregbe, és elkenjük vele, hogy ellepje az alját. Hagyd hülni.

A TORTEHEZ:

h) A citromos vagy ananászos jeget, zserbetet vagy sorbetet nagyon enyhén megpuhítjuk, és a serpenyőben elosztjuk a héjon. Fagyassza le, amíg szilárd. Ezt a lépést egy nappal előre elkészítheti; csak lefedjük és lefagyasztjuk.

AZ EPER-REBARBARÁS SZÓZSHOZ:

i) Egy nehéz, közepes serpenyőben keverjen össze ½ csésze cukrot és ½ csésze vizet. A vaníliarúdról kikaparjuk a magokat, és a hasított vaníliarúddal együtt a serpenyőbe tesszük. 5 percig pároljuk.

j) Adjuk hozzá a maradék ½ csésze cukrot, és keverjük, hogy feloldódjon.

k) Adjuk hozzá a rebarbarát a serpenyőhöz. Forraljuk fel, majd mérsékeljük a hőt, fedjük le, és addig pároljuk, amíg a rebarbara megpuhul, ami körülbelül 8 percig tart.

l) Adjuk hozzá a fagyasztott epret a serpenyőbe, és forraljuk fel. Hagyja kihűlni a szószt. Fedjük le és tegyük hűtőbe, amíg jól kihűl. Ezt a lépést egy nappal előre is el lehet készíteni.

m) Vegye ki a vaníliarudat a szószból.

ÖSSZESZERELÉS:

n) Kis éles késsel vágjuk be a kéreg és a serpenyő oldalai közé. Távolítsa el a serpenyő oldalait.

o) A torta közepére kanalazzon ½ csésze epres-rebarbara szószt.

p) A közepére halmozzuk a friss epret, és díszítsük friss mentaágakkal.

q) A tortát szeletekre vágjuk, és további szósszal tálaljuk.

r) Élvezze az elragadó citromos jeges tortát epres rebarbara szósszal! Ez egy frissítő és elegáns desszert.

29. Citromos-rebarbarás felhőpuding

ÖSSZETEVŐK:

- 1 ¼ csésze cukor
- ¼ csésze kukoricakeményítő
- ¼ teáskanál Só
- 1 ¼ csésze víz
- 4 nagy tojás
- 1 csésze apróra vágott friss vagy fagyasztott rebarbara
- 1 evőkanál reszelt citromhéj
- ⅓ csésze citromlé
- ¼ teáskanál tatárkrém

UTASÍTÁS:

a) Egy 2 literes serpenyőben keverj össze ¼ csésze cukrot, kukoricakeményítőt és sót. Fokozatosan keverje hozzá a vizet dróthabverővel, amíg a kukoricakeményítő egyenletesen el nem oszlik a vízben.

b) Közepes lángon, folyamatos keverés mellett melegítsük addig, amíg fel nem forr és besűrűsödik, hogy pudingszerű állagot kapjunk. A pudingot levesszük a tűzről.

c) A tojásokat szétválasztjuk, a fehérjét egy közepes méretű tálba, a sárgáját pedig egy kisebb tálba tesszük. A sárgáját enyhén felverjük, és beleforgatjuk a puding egy részét. Ezután tegyük vissza a sárgás keveréket a pudingos serpenyőbe, és addig keverjük, amíg jól el nem keveredik. Belekeverjük az apróra vágott rebarbarát.

d) A keveréket visszatesszük közepes lángra, és állandó keverés mellett forrásig melegítjük. Csökkentse a hőt alacsonyra, és folytassa a főzést, időnként megkeverve, amíg a rebarbara megpuhul, ami körülbelül 5 percig tart.

e) A pudingot levesszük a tűzről. Hozzákeverjük a reszelt citromhéjat és a citromlevet. Öntse a pudingot egy sekély, 1,5 literes tűzálló tálba vagy rakott edénybe.

f) Melegítsd elő a sütőt 175°C-ra (350°F).

g) Elektromos mixerrel nagy sebességen verjük fel a tojásfehérjét és a tartárkrémet, amíg világos és habos nem lesz.

h) Fokozatosan keverje hozzá a maradék ½ csésze cukrot, amíg kemény habcsók nem lesz, és a csúcsok megtartják alakjukat, amikor a habverőt lassan felemeljük.

i) A habcsókot rákenjük a pudingra, ügyelve arra, hogy az edény széléhez tapadjon. A habcsók tetejére dekoratív csúcsokat készíthet.

j) Előmelegített sütőben 12-15 percig sütjük, vagy amíg a habcsók aranybarna nem lesz.

k) A pudingot melegen tálalhatjuk, vagy hagyhatjuk szobahőmérsékletűre hűlni, majd hűtőbe tesszük, hogy hidegen tálaljuk.

l) Élvezze a finom citromos-rebarbarás felhőpudingot! Ez egy csodálatos desszert az édes és a csípős ízek tökéletes egyensúlyával.

30. Rebarbarás citromos tofu pite

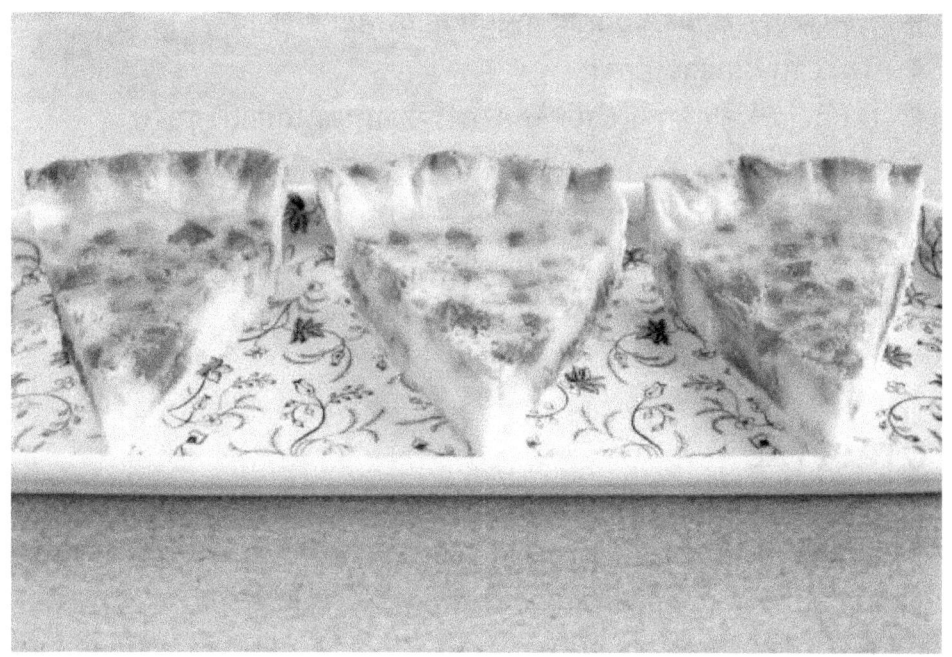

ÖSSZETEVŐK:

- 5 szár rebarbara megmosva,
- 1 Granny Smith alma, meghámozva
- Tucatnyi nagy eper
- 6 uncia Kemény (csökkentett zsírtartalmú) tofu
- $\frac{1}{2}$ citrom leve
- $\frac{1}{4}$ csésze + 2 T cukor
- 2 evőkanál teljes kiőrlésű liszt
- 2 teáskanál cukor + 2 t teljes kiőrlésű
- Liszt

UTASÍTÁS:

a) Rizsfőzőben egy kevés vizet és a rebarbara szárát felaprítjuk. Főzzük lefedve néhány percig. Adjuk hozzá a felkockázott almát, az epret és a $\frac{1}{4}$ c cukrot

b) A tofut aprítógépben vagy aprítógépben pürésítjük egészen simára. Adjunk hozzá citromlevet, 2 T cukrot, 2 T teljes kiőrlésű lisztet, és addig dolgozzuk, amíg jól el nem keveredik.

c) Egy 8 hüvelykes piteformát kibélelünk olajjal, és megszórjuk cukorral és teljes kiőrlésű liszttel, körülbelül 2 t-val. A tofukeveréket a piteformába terítjük. 400 F-on néhány percig sütjük.

d) Finom szitába öntjük a rebarbara keveréket, és leszűrjük a levét. A maradék rebarbara keveréket ráöntjük a sült citromos tofura.

31. Citrom szorbet

ÖSSZETEVŐK:

- 1 csésze frissen facsart citromlé
- 1 csésze víz
- 1 csésze kristálycukor

UTASÍTÁS:

a) Egy serpenyőben keverjük össze a vizet és a cukrot. Közepes lángon addig melegítjük, amíg a cukor teljesen fel nem oldódik, egyszerű szirupot kapunk.

b) Hagyja az egyszerű szirupot szobahőmérsékletre hűlni.

c) Keverjük össze a frissen facsart citromlevet az egyszerű sziruppal.

d) Öntsük a keveréket egy fagylaltkészítőbe, és forgassuk össze a gyártó utasításai szerint.

e) Tegye a citromsorbetet egy légmentesen záródó edénybe, és fagyassza le néhány órára, amíg megszilárdul.

f) Tálaljon egy kis gombóc citromsorbetet a fogások között, hogy megtisztítsa a szájpadlást.

32. Mini citromos tartlet

ÖSSZETEVŐK:

A TART HÉJÁHOZ:
- 1 ¼ csésze univerzális liszt
- ¼ csésze porcukor
- ½ csésze sótlan vaj, hidegen és kockára vágva

A citromos töltelékhez:
- ¾ csésze kristálycukor
- 2 evőkanál kukoricakeményítő
- ¼ teáskanál só
- 3 nagy tojás
- ½ csésze frissen facsart citromlé
- 2 citrom héja
- ¼ csésze sótlan vaj, kockára vágva

UTASÍTÁS:

a) Aprítógépben keverjük össze a lisztet és a porcukrot. Hozzáadjuk a hideg, kockára vágott vajat, és addig verjük, amíg a keverék durva morzsára nem hasonlít.

b) Nyomjuk a keveréket mini tortaformákba, egyenletesen fedjük be az alját és az oldalát. Az alját villával megszurkáljuk.

c) Hűtsük le a tortahéjakat a hűtőben körülbelül 30 percig.

d) Melegítsd elő a sütőt 175°C-ra (350°F).

e) Süssük a tortahéjakat 12-15 percig, vagy amíg aranybarnák nem lesznek. Hagyjuk teljesen kihűlni.

f) Egy serpenyőben keverjük össze a cukrot, a kukoricakeményítőt és a sót. Fokozatosan keverjük hozzá a tojást, a citromlevet és a citromhéjat.

g) Főzzük a keveréket közepes-alacsony lángon, folyamatosan kevergetve, amíg besűrűsödik, körülbelül 5-7 percig.
h) Levesszük a tűzről, és simára keverjük a kockás vajat.
i) A kihűlt tortahéjakat megtöltjük citromos töltelékkel.
j) Tálalás előtt legalább 1 órára hűtőbe tesszük. Adott esetben tálalás előtt porcukorral meghintjük.
k) Élvezze a Mini Lemon Tartleteket!

33. Citromos habcsók pite parfé

ÖSSZETEVŐK:

- 4 nagy tojásfehérje
- 1 csésze kristálycukor
- 1 teáskanál kukoricakeményítő
- 1 teáskanál vanília kivonat
- 1 ½ csésze citromtúró
- 1 ½ csésze tejszínhab
- Citromhéj a díszítéshez

UTASÍTÁS:

a) Egy tiszta keverőtálban verje fel a tojásfehérjét nagy sebességgel, amíg lágy csúcsok nem lesznek.

b) Fokozatosan adjuk hozzá a cukrot, miközben folyamatosan verjük, amíg kemény, fényes csúcsok nem lesznek.

c) Óvatosan keverje hozzá a kukoricakeményítőt és a vaníliakivonatot.

d) A habcsók keveréket kanalazzuk egy csillaghegyű csőzsákba.

e) A tálalópoharakba vagy tálakba citromtúrót, tejszínhabot és habcsókot rétegezzünk.

f) Addig ismételjük a rétegezést, amíg a poharak meg nem telik, és a végén egy réteg habcsók kerül a tetejére.

g) Választható: Használjon konyhai zseblámpát a habcsók enyhén barnulásához.

h) Citromhéjjal díszítjük.

i) Azonnal tálaljuk, vagy tálalásig hűtőbe tesszük.

j) Élvezze a citromos habcsók pite parféit!

34. Citrom és levendula

ÖSSZETEVŐK:

- 1 csésze cukor
- 1 ½ csésze kemény tejszín
- ½ csésze teljes tej
- 6 nagy tojás
- ¼ teáskanál só
- ¼ csésze friss citromlé
- 1 evőkanál citromhéj
- 2 teáskanál szárított levendula virág
- Tejszínhab és további levendula virágok a tálaláshoz

UTASÍTÁS:

a) Melegítse elő a sütőt 325 °F-ra.

b) Egy közepes serpenyőben melegítsd fel a cukrot közepes lángon, folyamatos kevergetés mellett, amíg elolvad és aranybarna nem lesz.

c) Öntse az olvasztott cukrot egy 9 hüvelykes lapos formába, és forgassa meg, hogy bevonja a forma alját és oldalát.

d) Egy kis serpenyőben melegítsd fel közepes lángon a tejszínt, a teljes tejet, a citromlevet, a citromhéjat és a levendulavirágokat, folyamatosan kevergetve, amíg el nem forr.

e) Egy külön tálban keverjük össze a tojást és a sót.

f) A forró tejszínes keveréket lassan öntsük a tojásos keverékhez, folyamatos keverés mellett.

g) Szűrjük át a keveréket egy finom szitán, és öntsük a lapos formába.

h) Helyezze a formát egy nagy tepsibe, és töltse fel annyi forró vízzel, hogy a forma oldalának feléig érjen.

i) Süssük 50-60 percig, vagy amíg a lap megszilárdul, és megrázva kissé megremeg.

j) Vegyük ki a sütőből, és hagyjuk szobahőmérsékletűre hűlni, mielőtt legalább 2 órára vagy egy éjszakára hűtőbe tesszük.

k) A tálaláshoz húzz körbe egy kést a forma szélein, és fordítsd egy tálra. Tejszínhabbal és levendulavirággal megszórva tálaljuk.

35. Citrom Zabaglione

ÖSSZETEVŐK:

- 2 nagy tojás
- 6 nagy tojássárgája
- 1 csésze cukor
- 1 evőkanál reszelt citromhéj
- $\frac{1}{4}$ csésze friss citromlé
- $\frac{1}{2}$ csésze édes madeira, tejszínes sherry vagy rubinportó

UTASÍTÁS:

a) Egy dupla kazán felső részében keverje össze az egész tojást, a tojássárgáját és a cukrot. A keveréket addig keverjük, amíg könnyű és sűrű nem lesz.
b) Adja hozzá a reszelt citromhéjat, a friss citromlevet és a választott édes madeira, tejszínes sherryt vagy rubinportót a tojásos keverékhez.
c) Helyezze a dupla bojlert a forrásban lévő víz fölé, ügyelve arra, hogy a tojáskeverő edény alja ne érjen hozzá a forrásban lévő vízhez.
d) Továbbra is verjük a keveréket a forrásban lévő víz fölött, amíg térfogata megháromszorozódik, és tapintásra forró lesz. Ez eltarthat néhány percig.
e) Ha a zabaglione besűrűsödött és megnőtt a térfogata, vegyük le a tűzről.
f) Osszuk el a citromos zabaglione-t magas szárú poharak között.
g) Azonnal tálaljuk, hogy élvezhessük az elragadó citromos finomságot.

36. Meyer citromos fejjel lefelé fordított torta

ÖSSZETEVŐK:
- ¼ csésze (57 gramm) sótlan vaj
- ¾ csésze (165 gramm) csomagolt világosbarna cukor
- 3 Meyer citrom ¼ hüvelyk vastagra szeletelve
- 1 ½ csésze (195 gramm) univerzális liszt
- 1 ½ teáskanál sütőpor
- ¼ teáskanál szódabikarbóna
- ½ teáskanál kóser só
- ¼ teáskanál frissen őrölt szerecsendió
- ½ teáskanál őrölt gyömbér
- ¼ teáskanál őrölt kardamom
- 1 csésze (200 gramm) kristálycukor
- 2 teáskanál citromhéj
- ½ csésze (114 gramm) sózatlan vaj, szobahőmérsékletű
- 2 teáskanál vanília kivonat
- 2 nagy tojás, szobahőmérsékletű
- ¾ csésze író

UTASÍTÁS:
a) Melegítse elő a sütőt 350 Fahrenheit fokra (175 Celsius fok). Helyezze a 9 hüvelykes kerek tortaformát a sütőbe ¼ csésze darabokra vágott vajjal. Olvasszuk fel a vajat a serpenyőben, amíg éppen el nem olvad. Az olvasztott vajat cukros ecsettel kenjük fel a serpenyő oldalára. A csomagolt világos barna cukrot egyenletesen szórjuk az olvasztott vajra.

b) A Meyer citromszeleteket a barna cukor tetejére helyezzük, szükség szerint átlapolva őket.

c) Egy közepes tálban keverje össze az univerzális lisztet, a sütőport, a szódabikarbónát, a kóser sót, a frissen őrölt szerecsendiót, az őrölt gyömbért és az őrölt kardamomot, amíg jól össze nem keveredik.

d) Egy állványmixer táljába helyezzük a kristálycukrot. A cukor tetejére adjuk a citrom héját, majd ujjaink segítségével a héját a cukorba dörzsöljük. Adjuk hozzá a szobahőmérsékletű sótlan vajat és a vaníliakivonatot a cukorhoz. Verjük a keveréket közepes sebességgel, amíg könnyű és bolyhos nem lesz, körülbelül 3-4 percig.

e) Egyenként adjuk hozzá a tojásokat, minden hozzáadás után jól felverjük.

f) Adjuk hozzá a lisztkeverék felét a vaj és cukor keverékéhez. Alacsony sebességgel addig keverjük, amíg jól össze nem áll. Lehet, hogy a tál szélén van egy kis liszt, ami rendben van.

g) Öntsük hozzá az írót, és közepes sebességgel keverjük össze.

h) Adjuk hozzá a maradék lisztkeveréket, és alacsony sebességgel keverjük addig, amíg össze nem áll. Az edény oldalát és alját egy spatulával kaparjuk le, és keverjük további 10 másodpercig, hogy az összes hozzávaló jól elegyedjen.

i) Óvatosan öntsük a masszát a tortaformában lévő szeletelt citromra, és egy eltolt spatulával simítsuk el a tetejét.

j) Süssük a süteményt az előmelegített sütőben körülbelül 45 percig, vagy amíg a süteményteszt a torta közepébe helyezve tisztán ki nem jön.

k) 10 percig hagyjuk hűlni a tortát a tepsiben. Fuss körbe egy késsel a szélein, hogy kiszabaduljon a torta, majd fordítsd egy tálra. A gyönyörűen karamellizált Meyer citromszeletek kerülnek majd a torta tetejére.

l) Élvezze ezt az elbűvölő Meyer Lemon fejjel lefelé fordított tortát csillogó citrus ékszerekkel a tetején!

37. Lemon Pots de Creme

ÖSSZETEVŐK:

- 2 közepes citrom
- ⅔ csésze kristálycukor
- 1 tojás
- 4 tojássárgája
- 1 ¼ csésze nehéz tejszín
- 5 teáskanál cukrászcukor
- 6 kandírozott ibolya (elhagyható)

UTASÍTÁS:

a) Melegítsük elő a sütőt 325°F-ra (165°C).
b) A citrom héját lereszeljük, hogy körülbelül 1 teáskanál citromhéjat kapjunk. Facsarja ki a citromot, hogy ½ csésze citromlevet vonjon ki.
c) Egy keverőtálban habosra keverjük a kristálycukrot, a tojást és a tojássárgáját.
d) Fokozatosan keverjük hozzá a kemény tejszínt, amíg a cukor teljesen fel nem oldódik.
e) A keveréket szűrőn passzírozzuk át, hogy sima és csomómentes krémet kapjunk. Keverje hozzá a citrom héját, hogy a keverék citromízt árasszon.
f) Helyezzen hat ½ csésze krémes vagy szuflé edényt egy mély sütőedénybe.
g) A citromkeveréket egyenletesen elosztjuk a hat krémes edény között.
h) Óvatosan öntsön forró csapvizet a sütőedénybe, hogy az edények tetejétől ½ hüvelyknyire legyen. Ez a vízfürdő elősegíti, hogy a puding egyenletesen főjön.
i) Süssük a pudingokat fedő nélkül az előmelegített sütőben körülbelül 35-40 percig, vagy amíg a közepén

megszilárdulnak. A pudingnak enyhén rázkódva kell lennie a közepén.

j) Ha elkészült, óvatosan vegye ki a krémes edényeket a vízfürdőből, és tegye félre, hogy teljesen kihűljön.

SZOLGÁLÓ:

k) Tálalás előtt minden puding felületét szórja meg cukrászcukorral, hogy édesebbé tegye és javítsa a megjelenést.

l) Opcionálisan díszíthet minden pot de creme-t kandírozott ibolyával az elegáns és színes befejezés érdekében.

m) Tálalja a Lemon Pots de Creme-t lehűtve, és élvezze az elragadó citrusos és krémes ízeket.

38. Citromos francia macaron

ÖSSZETEVŐK:
MACARON HÉJÁHOZ:
- 100 g szuperfinom mandulaliszt
- 75 g porcukor
- 70 g (1/3 csésze) tojásfehérje szobahőmérsékleten
- 1/4 teáskanál tartárkrém, opcionális
- 1/4 teáskanál durva kóser só
- 75 g szuperfinom kristálycukor
- 1/2 teáskanál friss citromlé
- Sárga zselés ételfesték
- 1 teáskanál citromhéj

CITROMOS VAJKRÉMHEZ:
- 80 g sótlan vaj, szobahőmérsékleten
- 130 g porcukor, átszitálva
- 1 evőkanál friss citromlé
- 1 teáskanál citromhéj
- 1/8 teáskanál durva kóser só

UTASÍTÁS:
MACARON KÉSZÍTÉSE:
a) 2 tepsit kibélelünk sütőpapírral vagy szilikon betéttel. (Az egyenletes légáramlás érdekében fordítsa meg a tepsit fejjel lefelé.)
b) A mandulalisztet és a porcukrot kétszer szitáljuk össze. Ha legfeljebb 2 evőkanál darabos száraz hozzávaló maradt a szitában, akkor nem kell cserélni; egyszerűen dobja el ezeket a darabokat.
c) Egy tiszta keverőedényben habverővel verje fel a tojásfehérjét közepes-alacsony sebességgel habosra.
d) A tojásfehérjéhez adjuk a tartárkrémet és a sót, és tovább verjük.

e) Lassan adjunk hozzá kristálycukrot egy-egy evőkanál, miközben a mixer jár. Hagyja feloldódni a cukrot minden hozzáadás után.

f) Amikor a habcsók eléri a lágy csúcsokat, adjunk hozzá citromlevet és néhány csepp sárga zselés ételfestéket.

g) A tojásfehérjét közepes-alacsony sebességgel verjük tovább, amíg kemény csúcsok képződnek. A habcsónak fel kell gömbölyödnie a habverőben, és amikor felemeli a habverőt, hegyes vége legyen, és éles bordái legyenek.

h) Adjunk hozzá citromhéjat a habcsókhoz, és forraljuk még körülbelül 30 másodpercig.

i) A mandulalisztes keveréket a habcsókba szitáljuk. A száraz hozzávalókat szilikon spatulával a habcsókba forgatjuk, amíg teljesen be nem olvad. Ezután folytassa a tészta hajtogatását, amíg elég folyós nem lesz ahhoz, hogy nyolcast rajzoljon. Tesztelje a tésztát úgy, hogy egy kis mennyiséget csepegtet a tálba; ha a csúcsok körülbelül 10 másodperc alatt maguktól feloldódnak a tésztában, akkor kész. Ügyeljen arra, hogy ne hajtsa túl a tésztát.

j) Tegye át a tésztát egy kerek hegyű cukrászzacskóba.

k) Tartsa a cukrászzacskót 90°-os szögben, és kb. 1,5 hüvelykes köröket kössön egymástól kb. Erősen ütögesse a sütőlapokat a pultra, hogy megszabaduljon a légbuborékoktól.

l) A macaronokat legalább 15-30 percig állni hagyjuk a pulton, amíg enyhe érintésre nem tapad az ujjunkhoz a tészta.

m) Melegítsük elő a sütőt 300°F-ra (150°C).

n) Egy-egy tepsi macaront sütünk a középső rácson körülbelül 15-18 percig. A főtt macaronnak keménynek kell lennie, és az alapnak nem szabad elmozdulnia.

o) A macaronokat teljesen kihűtjük, majd levesszük a sütőpapírról.

CITROMOS VAJKRÉM KÉSZÍTÉSE:

p) Egy habverővel ellátott keverőedényben habosra keverjük a vajat.

q) Hozzáadjuk a porcukrot, a citromlevet, a citromhéjat és a sót, és jól összedolgozzuk.

r) Tegye át a vajkrémet egy cukrászzacskóba, amely kerek vagy csillaghegyű.

A MACARON ÖSSZEÁLLÍTÁSA:

s) A kihűlt macaron héjakat párosítsd össze méret szerint, és helyezd rácsra úgy, hogy az alsó kagyló fejjel lefelé fordítsa.

t) Az alsó héjakra csepegtessünk egy kis citromos vajkrémet, és a felső héjat a töltelékre helyezzük, enyhén megnyomva, hogy a töltelék elterüljön a széleken.

u) A megtöltött macaronokat légmentesen záródó edényben legalább 24 órán át hűtőszekrényben tároljuk, hogy érlelődjön, hogy a töltelék megpuhuljon és ízesítse a héjakat.

v) Tálaláskor 30 perccel tálalás előtt vegyük ki a macaronokat.

w) Tárolja a macaronokat hűtőszekrényben légmentesen záródó edényben legfeljebb 5 napig, vagy fagyasztva legfeljebb 6 hónapig.

39. Citromos brûlée torta

ÖSSZETEVŐK:
A KÉGRE:
- 1 ½ csésze graham kekszmorzsa
- 6 evőkanál sótlan vaj, olvasztott
- ¼ csésze kristálycukor

A TÖLTETÉSHEZ:
- 4 tojássárgája
- 1 doboz (14 uncia) édesített sűrített tej
- ½ csésze friss citromlé
- 1 evőkanál reszelt citromhéj

A FELTÉTHEZ:
- Granulált cukor, karamellizáláshoz

UTASÍTÁS:
a) Melegítsd elő a sütőt 175°C-ra (350°F).
b) Egy tálban keverjük össze a Graham keksz morzsát, az olvasztott vajat és a cukrot. Nyomjuk a keveréket egy tortaforma aljába és oldalára.
c) Egy külön tálban keverjük össze a tojássárgáját, az édesített sűrített tejet, a citromlevet és a citromhéjat, amíg jól össze nem keveredik.
d) Öntsük a citromos tölteléket az előkészített héjba.
e) Kb. 15-20 percig sütjük, vagy amíg a töltelék megszilárdul.
f) Vegyük ki a sütőből és hagyjuk szobahőmérsékletűre hűlni. Ezután legalább 2 órára hűtőbe tesszük, vagy amíg kihűl.
g) Közvetlenül tálalás előtt szórjunk egy vékony réteg kristálycukrot a torta tetejére. Konyhai zseblámpával karamellizálja a cukrot, amíg ropogós kéreg nem lesz belőle.

h) Hagyja pár percig dermedni a cukrot, majd szeletelje fel és tálalja.

40. Lemon Ice Brûlée karamellával

ÖSSZETEVŐK:

- 1 csésze nehéz tejszín
- 1 csésze teljes tej
- 4 tojássárgája
- ½ csésze kristálycukor
- 1 evőkanál reszelt citromhéj
- ¼ csésze citromlé
- ½ csésze karamellás darabok
- Granulált cukor, karamellizáláshoz
- Málna, tálaláshoz

UTASÍTÁS:

a) Egy serpenyőben a tejszínt, a teljes tejet és a citromhéjat közepes lángon addig melegítjük, amíg el nem kezd forrni. Vegyük le a tűzről.

b) Egy külön tálban keverjük jól össze a tojássárgáját, a cukrot és a citromlevet.

c) A forró tejszínes keveréket lassan öntsük a tojássárgás keverékhez, folyamatos keverés mellett.

d) Tegyük vissza a keveréket a serpenyőbe, és lassú tűzön, állandó keverés mellett főzzük addig, amíg besűrűsödik és bevonja a kanál hátát. Ne hagyjuk felforrni.

e) Vegyük le a tűzről, és hagyjuk a keveréket szobahőmérsékletre hűlni. Ezután legalább 4 órára vagy egy éjszakára hűtőbe tesszük.

f) A lehűtött keveréket öntsük fagylaltkészítőbe, és forgassuk össze a gyártó utasításai szerint.

g) Az aprítás utolsó néhány percében adjuk hozzá a karamellát, és folytassuk a kavargatást, amíg egyenletesen el nem oszlik.

h) Tegye át az összetört fagylaltot egy edénybe, és fagyassza le legalább 2 órára, hogy megszilárduljon.

i) Közvetlenül tálalás előtt szórjunk vékony réteg kristálycukrot minden adag tetejére. Konyhai zseblámpával karamellizálja a cukrot, amíg ropogós kéreg nem lesz belőle.

j) Hagyja pár percig megkeményedni a cukrot, majd tálalja és élvezze.

41. Lemon Curd Gelato

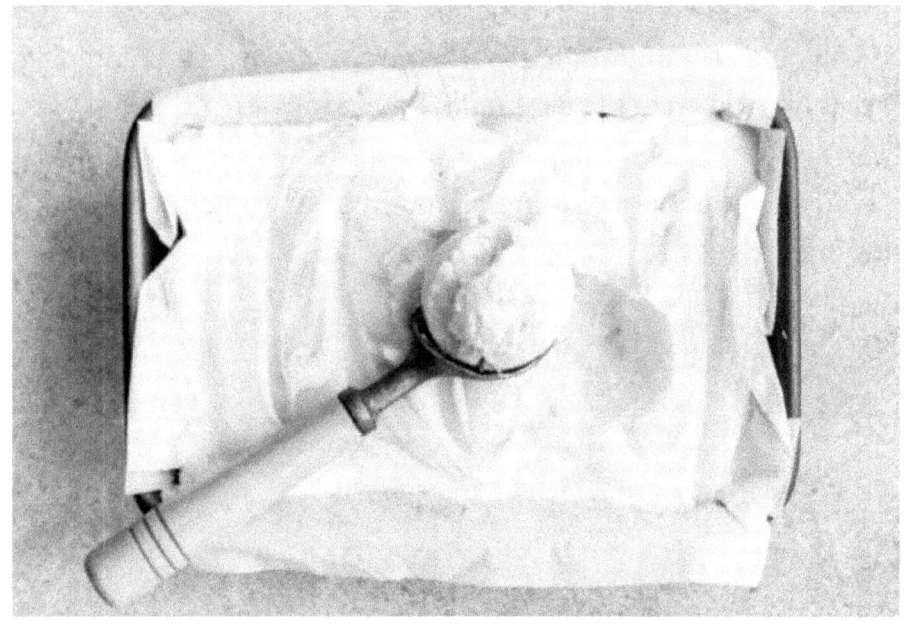

ÖSSZETEVŐK:

- 500 ml Dupla krém
- 395 ml-es doboz sűrített tej
- 2 tk vanília kivonat
- 2 evőkanál Limoncello (elhagyható)
- 320 gramm citromtúró

UTASÍTÁS:

a) Egy tálba öntjük a tejszínt, a tejet és a vaníliát, és addig keverjük, amíg lágy csúcsok nem lesznek.

b) A keveréket fagyasztható edénybe öntjük, majd egy órára a fagyasztóba tesszük.

c) Egy óra múlva kivesszük a fagyasztóból, és belekeverjük a citromtúrót és a limoncellót. Jól keverjük össze, majd tegyük vissza a fagyasztóba további 4 órára.

d) Kivesszük a fagyasztóból és tálaljuk.

42. Méhsejt citromtorta

ÖSSZETEVŐK:
A TORTÁHOZ:
- 2 csésze univerzális liszt
- 2 teáskanál sütőpor
- ½ teáskanál szódabikarbóna
- ¼ teáskanál só
- ½ csésze sózatlan vaj, lágyított
- 1 csésze kristálycukor
- 3 nagy tojás
- 2 citrom héja
- ¼ csésze friss citromlé
- ½ csésze író
- ¼ csésze méz
- 1 teáskanál vanília kivonat

A MÉZSEJTŐ TÖLTETÉSHEZ:
- 1 csésze méhsejt cukorka, apró darabokra törve

A citrommázhoz:
- 1 csésze porcukor
- 2 evőkanál friss citromlé

UTASÍTÁS:
a) Melegítsd elő a sütőt 175°C-ra (350°F). Egy 9 hüvelykes kerek tortaformát kivajazunk és lisztezzünk.

b) Egy közepes tálban keverjük össze a lisztet, a sütőport, a szódabikarbónát és a sót. Félretesz, mellőz.

c) Egy nagy keverőtálban keverjük össze a puha vajat és a kristálycukrot, amíg világos és habos nem lesz.

d) Egyenként beleütjük a tojásokat, majd a citromhéjat és a citromlevet.

e) Adjuk hozzá az írót, a mézet és a vaníliakivonatot a vajas keverékhez, és keverjük jól össze.

f) Fokozatosan adjuk hozzá a száraz hozzávalókat a nedves hozzávalókhoz, addig keverjük, amíg éppen össze nem keveredik. Ügyeljen arra, hogy ne keverje túl.
g) A torta tészta felét az előkészített tortaformába öntjük, egyenletesen elosztva.
h) Az összetört méhsejt cukorkát szórjuk rá a tésztára, biztosítva az egyenletes eloszlást.
i) A maradék süteménytésztát ráöntjük a méhsejt cukorka rétegre, elosztjuk vele, hogy ellepje a tölteléket.
j) Előmelegített sütőben 30-35 percig sütjük, vagy amíg a közepébe szúrt fogpiszkáló tisztán ki nem jön.
k) Vegyük ki a süteményt a sütőből, és hagyjuk a tepsiben hűlni 10 percig, majd tegyük rácsra, hogy teljesen kihűljön.
l) Amíg a torta hűl, elkészítjük a citrommázat úgy, hogy a porcukrot és a friss citromlevet simára keverjük.
m) Ha a torta kihűlt, a torta tetejére kenjük a citromos mázat.
n) Szeletelje fel és tálalja az ízletes Honeycomb Lemon Cake-t.

43. Citromos túróhab

ÖSSZETEVŐK:

- ½ csésze kemény tejszín
- ½ csésze citromtúró, elkészítve
- Friss áfonya, öblítve és szárítva
- Friss menta ágak, díszítéshez

UTASÍTÁS:

a) Hűtött habverővel kemény habbá verjük a tejszínt. A tejszínhabot beleforgatjuk a citromos túróba.

b) Vagy turmixold bele a citromhabot az áfonyába.

c) Vagy réteges mousse-t, friss áfonyát és mousse-t egy borospohárban; friss mentával díszítjük.

44. Citrom Semifreddo

ÖSSZETEVŐK:

- 4 tojássárgája
- ½ csésze kristálycukor
- 1 csésze nehéz tejszín
- 2 citrom héja
- 1 evőkanál friss rozmaringlevél, apróra vágva

UTASÍTÁS:

a) Egy nagy keverőtálban a tojássárgáját és a cukrot habosra és krémesre keverjük.

b) Egy külön tálban verjük fel a kemény tejszínt, amíg lágy csúcsok nem lesznek.

c) A tejszínhabbal óvatosan beleforgatjuk a citromhéjat és a felaprított rozmaringot.

d) Fokozatosan adjuk hozzá a tejszínhabot a tojássárgás keverékhez, óvatosan hajtsuk össze, amíg jól össze nem áll.

e) Öntse a keveréket egy tepsibe vagy különálló ramekinekbe.

f) Fagyassza le legalább 6 órára vagy egy éjszakára.

g) Tálaláshoz vegyük ki a fagyasztóból, és szeletelés előtt hagyjuk néhány percig szobahőmérsékleten állni.

45. Citromos fagylaltos szendvicsek

ÖSSZETEVŐK:
- 1 ½ csésze univerzális liszt
- ½ teáskanál szódabikarbóna
- ¼ teáskanál só
- ½ csésze sózatlan vaj, lágyított
- ½ csésze kristálycukor
- ½ csésze csomagolt barna cukor
- 1 nagy tojás
- 1 teáskanál vanília kivonat
- 1 citrom héja
- 1 liter citromfagylalt

UTASÍTÁS:
a) Melegítsd elő a sütőt 190°C-ra, és bélelj ki egy tepsit sütőpapírral.
b) Egy tálban keverjük össze a lisztet, a szódabikarbónát és a sót.
c) Egy külön tálban habosra keverjük a puha vajat, a kristálycukrot és a barna cukrot. Adjuk hozzá a tojást, a vaníliakivonatot és a citromhéjat, és keverjük jól össze.
d) Fokozatosan adjuk hozzá a száraz hozzávalókat a vajas keverékhez, és keverjük össze. Óvatosan beleforgatjuk a friss áfonyát.
e) Csepegtess gömbölyű evőkanál tésztát az előkészített tepsire, körülbelül 2 hüvelyk távolságra egymástól. A tenyerével enyhén lapítson le minden tésztagolyót.
f) 10-12 percig sütjük, vagy amíg a szélei aranybarnák nem lesznek. Hagyja teljesen kihűlni a sütiket.
g) Vegyünk egy gombóc citromos fagylaltot, és szendvicsbe tesszük két keksz közé.

h) Tálalás előtt tedd a fagylaltos szendvicseket a fagyasztóba legalább 1 órára, hogy megszilárduljanak.

MÁZ ÉS MÁZ

46. Citrommáz

ÖSSZETEVŐK:

- 1 csésze porcukor
- 2 evőkanál frissen facsart citromlé
- 1 teáskanál citromhéj

UTASÍTÁS:

a) Egy kis tálban keverjük simára a porcukrot, a citromlevet és a citromhéjat.

b) Állítsa be az állagot porcukor vagy citromlé hozzáadásával, ha szükséges.

c) A desszertre csorgassuk a citrommázat, és tálalás előtt hagyjuk megdermedni.

47. Málna limonádé máz

ÖSSZETEVŐK:

- 1 csésze porcukor
- 2 evőkanál málnapüré (szűrt)
- 1 evőkanál frissen facsart citromlé
- Citromhéj (elhagyható, díszítéshez)

UTASÍTÁS:

a) Egy kis tálban keverjük simára a porcukrot, a málnapürét és a citromlevet.

b) Állítsa be a konzisztenciát porcukor vagy málnapüré hozzáadásával, ha szükséges.

c) A desszertre kenjük a málnás limonádé mázat, és ízlés szerint megszórjuk citromhéjjal.

d) Tálalás előtt hagyjuk megdermedni a mázat.

48. Citromos vajas cukormáz

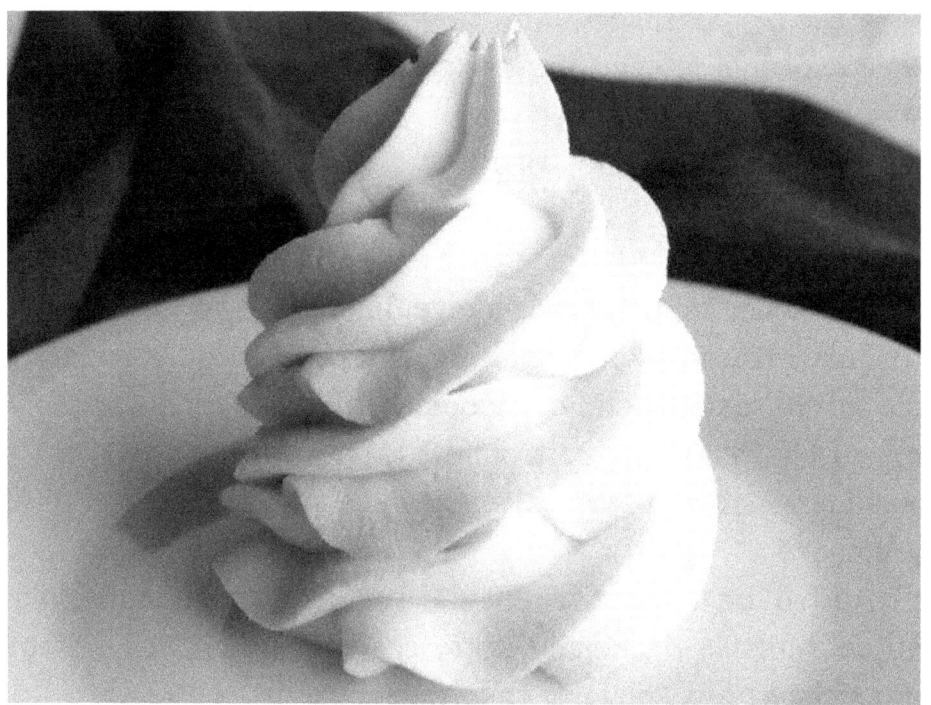

ÖSSZETEVŐK:

- 1 csésze sózatlan vaj, lágyított
- 4 csésze porcukor
- 2 evőkanál frissen facsart citromlé
- 1 evőkanál citromhéj
- 1 teáskanál vanília kivonat

UTASÍTÁS:

a) Egy keverőtálban simára keverjük a puha vajat.

b) Fokozatosan, körülbelül 1 csészével adjuk hozzá a porcukrot, és minden hozzáadás után jól keverjük össze.

c) Adjuk hozzá a citromlevet, a citromhéjat és a vaníliakivonatot a vajas keverékhez. Keverjük simára és krémesre.

d) Állítsa be a konzisztenciát úgy, hogy több porcukrot adjon hozzá a keményebb cukormázhoz, vagy több citromlevet a vékonyabb cukormázhoz.

e) A kihűlt süteményekre vagy süteményekre kenjük vagy pipázzuk a citromvajas cukormázt.

49. Citromos mákos cukormáz

ÖSSZETEVŐK:

- 1 csésze sózatlan vaj, lágyított
- 4 csésze porcukor
- 2 evőkanál frissen facsart citromlé
- 2 teáskanál citromhéj
- 1 evőkanál mák

UTASÍTÁS:

a) Egy keverőtálban simára keverjük a puha vajat.

b) Fokozatosan, egy csészével hozzáadjuk a porcukrot, és addig verjük, amíg jól el nem keveredik.

c) Keverje hozzá a citromlevet, a citromhéjat és a mákot. Keverje teljesen be.

d) A kihűlt süteményekre vagy süteményekre kenjük vagy pipázzuk a citromos mákos cukrot.

LIMONÁDOK

50. Klasszikus frissen facsart limonádé

ÖSSZETEVŐK:

- 8 nagy citrom leve
- 6 csésze víz
- 1¼ csésze kristálycukor
- 1 citrom, szeletelve

UTASÍTÁS :

a) Egy nagy kancsóban keverjük össze a citromlevet a vízzel és a cukorral.

b) Addig keverjük, amíg a cukor fel nem oldódik. Hűtőbe tesszük, amíg kihűl, kb 1 óra.

c) A limonádét jégre öntjük, és tálalás előtt minden pohárba teszünk egy-egy citromszeletet.

51. Rózsaszín grapefruit limonádé

ÖSSZETEVŐK:

- 50 g arany gyöngyszirup
- ¼ teáskanál himalájai vagy durva tengeri só
- 4 Florida rózsaszín grapefruit, lé, extra szeletekkel a tálaláshoz
- 2 citrom levében

UTASÍTÁS:

a) Egy kis serpenyőben keverje össze az aranyszínű rigószirupot és 100 ml vizet. Forraljuk fel a keveréket, keverjük, hogy a cukor feloldódjon. Tedd félre hűlni.
b) Egy nagy kancsóba öntsön 400 ml vizet, és töltse fel jéggel.
c) A kihűlt cukorszirupot a kancsóban lévő jégre és vízre öntjük.
d) Adja hozzá a himalájai vagy durva tengeri sót, a frissen facsart rózsaszín grapefruitlevet és a citromlevet a kancsóba.
e) A keveréket jól összekeverjük, hogy az összes hozzávaló összeolvadjon.
f) A Pink Grapefruit Lemonade-t poharakban tálaljuk, rózsaszín grapefruitszeletekkel díszítve frissítő és csípős citrusos csemegéért. Élvezd!

52. Málnás limonádé mimóza

ÖSSZETEVŐK:

- 3 uncia pezsgő
- 3 uncia málnás limonádé
- Rózsaszín vagy piros cukorszór
- 2-3 friss málna

UTASÍTÁS:

a) A poharak karikája: Öntsön egy kis mennyiségű málnás limonádét egy tányérra vagy sekély tálra. Ugyanezt tegyük külön tányéron a rózsaszín vagy piros cukorszórt.

b) Egy pezsgőfuvola peremét mártsuk a málnás limonádéba, ügyelve arra, hogy az egész peremet bevonjuk.

c) Ezután mártsa be a pohár bevont peremét a színes cukorba, hogy dekoratív cukorperemet hozzon létre.

d) Öntse a málnás limonádét és a pezsgőt az előkészített pohárba, és óvatosan keverje össze az ízeket.

e) Csökkentsen 2-3 friss málnát a koktélba, hogy még több gyümölcsös ízt kapjon.

f) Tálalja a málnás limonádé mimózait, és élvezze ezt az elragadó és frissítő koktélt a csajokkal való villásreggeli során.

53. Epres limonádé fröccs

ÖSSZETEVŐK:
- 1 csésze friss eper, meghámozva és felszeletelve
- ½ csésze friss citromlé
- ¼ csésze kristálycukor
- 2 csésze szénsavas víz
- Jégkockák
- Friss mentalevél díszítéshez

UTASÍTÁS:

a) Turmixgépben keverjük össze az epret, a citromlevet és a cukrot. Keverjük simára.

b) Szűrjük át a keveréket egy finom szitán, hogy eltávolítsuk a magokat.

c) Töltsük meg a poharakat jégkockákkal, és öntsük a jégre az epres-citromos keveréket.

d) Töltsön fel minden poharat pezsgő vízzel, és óvatosan keverje össze.

e) Díszítsük friss mentalevéllel és tálaljuk.

54. Sárkánygyümölcs limonádé

ÖSSZETEVŐK:

- 1 nagy sárkánygyümölcs - rózsaszín vagy fehér hús, héja eltávolítva
- 5 csésze víz
- $\frac{1}{2}$ csésze agavé nektár vagy juharszirup
- 1 csésze frissen facsart citromlé

UTASÍTÁS:

a) Keverje össze a sárkánygyümölcsöt 1 csésze vízzel, amíg el nem éri a kívánt állagot.

b) Tegye át a sárkánygyümölcs keveréket egy limonádékancsóba, és öntse hozzá a maradék 4 csésze vizet, citromlevet és édesítőszert. Keverje meg, kóstolja meg, és ha szükséges, állítsa be az édesítőszert és/vagy a vizet.

c) Jégkockákkal teli pohár fölött azonnal tálalhatjuk.

d) Hűtőben tároljuk lehűlni, és tálalás előtt alaposan keverjük össze. Élvezd!

55. Kiwi Limonádé

ÖSSZETEVŐK:

- 4 kiwi, meghámozva
- 12 uncia doboz fagyasztott limonádékoncentrátum, felolvasztva
- 3 csésze szénsavas citrom-lime ital, hűtve

UTASÍTÁS:

a) A kivit kockákra vágjuk.
b) A gyümölcsdarabokat és a limonádékoncentrátumot aprítógépben simára dolgozzuk.
c) Öntse a keveréket dróthálós szűrőn keresztül egy kancsóba, dobja ki a szilárd anyagokat.
d) Közvetlenül tálalás előtt keverje hozzá a citromos-lime italt.

56. Málna Kefir Limonádé

ÖSSZETEVŐK:

- ½ csésze friss vagy felolvasztott fagyasztott málna
- ⅔ csésze frissen facsart citromlé
- ½ csésze agave szirup
- 3 csésze kefir

UTASÍTÁS:

a) Tegye az összes hozzávalót egy nagy sebességű turmixgépbe, és turmixolja simára.

b) Műanyag szitán átszűrjük egy kancsóba. Jég felett tálaljuk.

c) Hűtőben 2 napig eláll.

57. Málna és édeskömény limonádé

ÖSSZETEVŐK:

- 8 uncia víz
- 8 uncia málna + plusz a díszítéshez
- 4 evőkanál cukor
- 1 teáskanál édesköménymag
- 2 citrom leve
- hűtött víz

UTASÍTÁS:

a) Egy lábosban vagy serpenyőben keverjük össze a málnát a cukorral, az édesköménymaggal és a vízzel, és forraljuk fel mérsékelt lángon.
b) Addig főzzük, amíg a málna pépes lesz.
c) Hagyja szobahőmérsékletre hűlni.
d) A málna keveréket turmixoljuk sima pürévé. Leszűrjük és belekeverjük a citromlevet.
e) Tálaljuk, felöntjük hűtött vízzel.
f) Díszítsük a fenntartott málnával.

58. Szilvás limonádé

ÖSSZETEVŐK:

- 32 uncia víz, osztva
- 2-3 egész csillagánizs
- 10 uncia cukor
- 3 friss piros szilva kimagozva
- 2 citrom alaposan megdörzsölve és félbevágva
- Jégkocka, tálaláshoz

UTASÍTÁS:

a) Egy serpenyőben keverj össze 16 uncia (2 csésze) vizet és a csillagánizst.

b) Forrald fel, és hagyd pár percig főni, hogy a víz csillagánizs ízt kapjon. Vegyük le a tűzről és hagyjuk kihűlni.

c) Egy külön serpenyőben készítsen egyszerű szirupot a cukor és a maradék 16 uncia (2 csésze) vízzel összekeverésével.

d) Melegítsük közepes lángon, kevergetve, amíg az édesítő teljesen fel nem oldódik. Vegyük le a tűzről, és hagyjuk kihűlni.

e) Miután a csillagánizsos víz és az egyszerű szirup is kihűlt, keverje össze őket egy kancsóban.

f) Turmixgépben a kimagozott piros szilvát simára pürésítjük.

g) A félbevágott citrom levét a turmixgépbe préseljük a szilvapürével.

h) Adja hozzá a szilva és citrom keveréket a kancsóhoz a csillagánizsos vízzel és az egyszerű sziruppal. Az egészet jól keverjük össze.

i) Hűtőbe tesszük a szilvás limonádét, amíg alaposan kihűl.

j) Tálaláskor töltsd meg a poharakat jégkockákkal, és öntsd a szilvás limonádét a jégre. Díszítsük további szilvaszeletekkel, citromkarikákkal vagy csillagánizssal, ha szükséges.

k) Élvezze házi készítésű szilvalimonádéját, amely egy kellemes és frissítő ital egyedi csavarral!

59. Gránátalmás limonádé

ÖSSZETEVŐK:

- ½ csésze egyszerű szirup vagy agavé édesítőszer
- ½ csésze citromlé
- 1 csésze gránátalmalé
- 1 csésze hideg víz
- 1 csésze zúzott jég
- Csipet só

A FERMÉRHEZ:

- 1 citrom szelet
- ¼ teáskanál pirított kömény
- 1 teáskanál cukor
- ⅛ teáskanál só

UTASÍTÁS:

a) Egy keverőtálban keverje össze az egyszerű szirupot (vagy agávé édesítőszert), a citromlevet, a gránátalma levét, egy csipet sót és a hideg vizet, amíg jól össze nem áll.
b) Öntsük a keveréket egy zúzott jéggel teli kancsóba.
c) A pohár pereméhez vegye ki a citromszeletet, és dörzsölje körbe a pohár peremén, hogy vékony citromlével bevonja.
d) Egy tányéron keverjük össze a pirított köményt, a cukrot és a sót.
e) A pohár peremét mártsuk a kömény-cukor-só keverékbe, és csavarjuk be, hogy bevonják a peremét.
f) Öntse a frissen készített gránátalmás limonádéját a peremes pohárba.
g) Azonnal tálalja élénk és édes-savanyú gránátalma limonádéját, és élvezze ezt a frissítő csavart a klasszikus limonádéhoz, a gránátalma elragadó hozzáadásával!

60. Cseresznye limonádé

ÖSSZETEVŐK:

- 1 kiló friss meggy (keveset tegyünk félre a díszítéshez)
- 2 csésze cukor
- 8 csésze víz
- 6-8 citrom, plusz a díszítéshez

UTASÍTÁS:

a) Egy közepes serpenyőben keverje össze a meggyet, a cukrot és 3 csésze vizet.

b) 15 percig pároljuk, majd hagyjuk szobahőmérsékletre hűlni.

c) Szűrjük át a keveréket egy finom hálós szűrőn.

d) Forraljon annyi citromlevet, hogy 1 ½ csésze citromlevet kapjon.

e) Keverje össze a cseresznyelevet, a citromlevet és körülbelül 5-6 csésze hűtött vizet (ízlés szerint állítsa be).

f) Jól keverje össze, és ha kívánja, adjon hozzá vékony citromszeleteket és friss cseresznyét az extra íz érdekében.

61. Áfonya limonádé

ÖSSZETEVŐK:

- 2 csésze friss áfonya, plusz a díszítéshez
- 1 csésze frissen facsart citromlé
- ½ csésze kristálycukor
- ¼ teáskanál sót
- 4 csésze vizet

UTASÍTÁS:

a) Turmixgépben keverje össze a friss áfonyát, a citromlevet, a kristálycukrot és a sót.

b) A keveréket jól keverjük össze, ami körülbelül 45 másodpercet vesz igénybe.

c) Öntse a kevert keveréket egy finom szűrőn keresztül egy nagy kancsóba, hogy eltávolítsa a szilárd anyagokat; dobja ki a szilárd anyagokat.

d) Keverje hozzá a vizet, amíg teljesen be nem épül.

e) Osszuk el az áfonyás limonádét 8 jéggel töltött pohárba, és ízlés szerint díszítsük további áfonyával.

f) Élvezze a frissítő házi áfonyás limonádét!

62. Fügekaktusz lé pezsgő limonádé

ÖSSZETEVŐK:

- 4 citrom leve
- ⅓ csésze hideg fügekaktuszszirup
- 2 csésze hideg szénsavas víz
- ½ csésze cukor

UTASÍTÁS:

a) Egy edényben keverjük össze a hideg, frissen facsart citromlevet, a hideg fügekaktuszszirupot és a hideg pezsgőt. Alaposan keverjük össze, hogy egyenletes keveréket kapjunk.

b) A habzó limonádét jégen tálaljuk, és ha szükséges, minden poharat díszíthetünk egy szelet citrommal.

c) Élvezze a frissítő fügekaktusz-limonádé habzó limonádét – egy igazán friss és elragadó ital!

63. Fekete szőlő limonádé

ÖSSZETEVŐK:

- 4 csésze mag nélküli fekete szőlő
- 1 ½ csésze cukor, elosztva
- 7-8 csésze hideg víz, elosztva
- 3 citrom héja
- 7 citrom leve (kb. 1 csésze)

UTASÍTÁS:

a) Egy nagy serpenyőben keverje össze a fekete szőlőt, 1 csésze vizet, 1 csésze cukrot és a citromhéjat.

b) Ezt a keveréket közepes lángon pároljuk, miközben a szőlőt pépesítjük, miközben megpuhul.

c) Miután az összes szőlőt pépesítette, hagyja a keveréket enyhén párolni további 10-15 percig, hogy több szín szabaduljon fel a szőlő héjából.

d) Vegyük le a serpenyőt a tűzről, és szűrjük le a keveréket, dobjuk ki a szilárd anyagokat.

e) Adja hozzá a szőlőkeveréket egy kancsóba.

f) Hozzákeverjük a citromlevet és a maradék hideg vizet és a cukrot. Kóstolja meg és állítsa be a víz és a cukor mennyiségét ízlésének megfelelően.

g) Hűtőbe tesszük a keveréket, amíg kihűl. (Másnap merészebb ízű lesz.)

h) Tálalja friss fekete szőlő limonádét jégen, és élvezze a frissítő ízt!

i) Élvezze ezt az elragadó házi készítésű alkotást.

64. Licsi limonádé

ÖSSZETEVŐK:

- 20 licsi
- 1 evőkanál citromlé
- 6 mentalevél
- ¼ teáskanál fekete só
- 4 jégkocka

UTASÍTÁS:

a) Hámozzuk meg az összes licsit, távolítsuk el a magokat, és tegyük egy turmixgépbe vagy turmixgépbe. Keverjük össze őket sűrű lévé.

b) Egy pohárban keverjünk össze néhány mentalevelet citromlével és fekete sóval.

c) Adjunk jégkockákat a pohárba, és öntsük bele a licsi levét. Tálalás előtt alaposan keverjük össze.

d) Díszítsd a licsi limonádét egy szelet citrommal az oldalán.

e) Élvezze a frissítő házi készítésű licsi limonádéját, amely egy elragadó indiai mocktail!

65. Alma és kelkáposzta limonádé e

ÖSSZETEVŐK:

- 1 csésze spenót
- $\frac{1}{2}$ lime
- 1 citrom
- 1 darab gyömbér (friss)
- 2 zellerszár (a leveleit távolítsa el)
- 2 zöld alma
- 4 kelkáposzta levél

UTASÍTÁS :

a) Mossa meg az összes gyümölcsöt és zöldséget, majd papírtörlővel törölje szárazra.

b) Hámozzuk meg a lime-ot, a citromot, a gyömbért és az almát.

c) Vágja fel az összes hozzávalót olyan darabokra, amelyek beleférnek a facsaró adagolónyílásába.

d) Helyezze a gyümölcs- és zöldségdarabokat a facsarójába. Nyomja le a facsarót, amíg a friss gyümölcslé el nem kezd folyni. Az összetevők préselése az Ön által használt facsaró típusától függ.

66. Rebarbara limonádé

ÖSSZETEVŐK:

- 4 csésze víz
- ½ csésze juharszirup
- 1 kiló rebarbara (ha szükséges meghámozva, apróra vágva)
- 3 csésze forró víz
- Jégkockák
- Díszítés: narancsszeletek vagy mentaszálak

UTASÍTÁS:

a) Forraljon fel 4 csésze vizet egy edényben; levesszük a tűzről, beleforgatjuk a juharszirupot, és félretesszük hűlni.

b) Konyhai robotgépben addig pörgesse az apróra vágott rebarbarát, amíg pép lesz belőle.

c) Egy közepes méretű medencében öntsön 3 csésze forró vizet a rebarbara pépére, és fedje le.

d) Helyezzen szitát az edényben lévő juharszirupos vízre. A rebarbara pépet szitán szűrjük a juharszirup-víz keverékbe. A rebarbara folyadék és a juharszirupos víz összekeveréséhez keverje össze őket. Töltsön meg egy kancsót félig vízzel.

e) Öntse a koktélt négy magas, jégkockákkal töltött pohárba.

f) Díszítésként narancsszelettel vagy menta ággyal tálaljuk.

67. Retek limonádé

ÖSSZETEVŐK:

- 1 csésze retek vágva és apróra vágva
- 4 csésze víz
- ½ csésze frissen facsart citromlé
- ¼ csésze méz vagy édesítőszer
- Jégkockák
- Friss mentalevél díszítéshez

UTASÍTÁS:

a) Turmixgépben keverjük össze a retket és a vizet. Keverjük simára.

b) A keveréket finom szitán át szűrjük egy kancsóba.

c) Adjunk hozzá citromlevet és mézet a kancsóhoz, és keverjük jól össze.

d) Jégkockákra tálaljuk, és friss mentalevéllel díszítjük.

68. Uborkás limonádé Delight

ÖSSZETEVŐK:

- 1 ½ csésze frissen facsart citromlé, plusz a díszítéshez
- 1 csésze hámozott és kimagozott uborka, plusz a díszítéshez
- 1 csésze kristálycukor (vagy kókuszcukor)
- 6 csésze víz (osztva)
- Jég

UTASÍTÁS:

a) Kezdje a citrom levét.
b) Hámozzuk meg az uborkát, és egy kanál segítségével távolítsuk el a magokat. (Ha angol uborkát használ, kihagyhatja ezt a lépést.)
c) Tegye az uborkát, a cukrot és 2 csésze meleg vizet egy turmixgépbe. Addig turmixoljuk, amíg sima állagot nem kapunk. Szűrjük át a keveréket egy finom szitán egy kancsóba, és egy spatulával nyomjuk át a folyadékot. Dobja el a pépet; ennek befejezése eltarthat néhány percig.
d) Az uborkás keveréket tartalmazó kancsóba öntsünk 4 csésze hideg vizet és a frissen facsart citromlevet.
e) Adjunk hozzá néhány marék jeget és tálaljuk. Kívánt esetben díszítse extra uborkaszeletekkel és citromkarikákkal.
f) Ízlelje meg az uborkás limonádé frissítő finomságát!

69. Mentás kelkáposzta limonádé

ÖSSZETEVŐK:

- 500 ml vagy 2 csésze limonádé (vagy helyettesítheti narancslével)
- 1 kelkáposzta szár
- Egy kis marék mentalevél
- 6 jégkocka

UTASÍTÁS:

a) Távolítsa el a kelkáposzta szárát, és tépje darabokra. Tegye az összes hozzávalót, beleértve a jégkockákat is, egy turmixgépbe.

b) Addig keverjük, amíg a keverék sima és habos nem lesz, és a színe egyenletes zöld lesz.

c) A frissítő főzetet öntsd poharakba, és adj hozzá egy jégkockát és egy szelet lime-ot.

d) Élvezze a revitalizáló Minty Kale Limonádé-t!

70. Cékla limonádé

ÖSSZETEVŐK:

- 2 közepes méretű cékla megfőzve és meghámozva
- 1 csésze frissen facsart citromlé (kb. 6-8 citromból)
- ½ csésze kristálycukor (ízlés szerint)
- 4 csésze hideg víz
- Jégkockák
- Citromszeletek és mentalevél a díszítéshez (opcionális)

UTASÍTÁS:

a) A céklát főzve vagy pörkölve főzheti. A felforráshoz tegyük egy fazék vízbe, forraljuk fel, és lassú tűzön főzzük kb. 30-40 percig, amíg villára tűnnek.

b) A sütéshez csomagolja be őket alufóliába, és süsse a sütőben 200 °C-on körülbelül 45-60 percig, amíg megpuhul.

c) A megfőtt céklát hagyjuk kihűlni, majd hámozzuk meg és vágjuk kockákra.

d) A megfőtt és apróra vágott céklát tedd turmixgépbe vagy konyhai robotgépbe.

e) Addig turmixoljuk, amíg sima répapürét nem kapunk. Adhat hozzá egy-két evőkanál vizet, ha szükséges, hogy segítse a turmixolást.

f) Facsarjon ki annyi citromot, hogy 1 csésze friss citromlevet kapjon.

g) Egy kancsóban keverjük össze a répapürét, a frissen facsart citromlevet és a kristálycukrot.

h) Addig keverjük, amíg a cukor teljesen fel nem oldódik.

i) Adjunk hozzá 4 csésze hideg vizet, és jól keverjük össze. A cukrot és a citromlevet ízlés szerint igazítjuk.

j) Hűtőbe tesszük a répa limonádét, amíg jól kihűl.

k) Poharakba helyezett jégkockák fölött tálaljuk.

l) Igény szerint minden poharat díszíthet egy szelet citrommal és egy szál friss mentával.

71.Pillangó borsó limonádé

ÖSSZETEVŐK:
- 1½ csésze víz
- 1 csésze porcukor
- ¼ csésze szárított pillangóborsó virág
- Limonádé

UTASÍTÁS:
a) Egy kis lábasban felforraljuk a vizet és a porcukrot. 5 percig forraljuk.

b) Vegyük le a tűzről. Adjunk hozzá szárított kék pillangóborsó virágokat, majd tegyük be a hűtőbe, hogy teljesen lehűljön.

c) Adjunk jeget egy pohárba, és öntsünk kék szirupot, hogy félig töltse. Öntsön limonádét a pohárba. Hidegen tálaljuk.

72. Levendula limonádé

ÖSSZETEVŐK:

- 2 csésze víz (egyszerű szirup elkészítéséhez)
- 1 csésze cukor
- 2 evőkanál szárított levendula VAGY 6 friss levendula virág
- 1 csésze frissen facsart citromlé
- 1 csésze hideg víz
- Jég a tálaláshoz

UTASÍTÁS:

a) Kezdje a levendula egyszerű szirup elkészítésével. Röviden: keverjünk össze 2 csésze vizet, cukrot és levendulát egy edényben, és pároljuk, amíg le nem csökken.

b) Egy kancsóban vagy egyenlő arányban két pohárba keverjük össze a frissen facsart citromlevet, a hideg vizet és a jeget.

c) Keverje hozzá a levendula egyszerű szirupot. Az édességet ízlés szerint állítsa be. Ha túl fanyar, adjunk hozzá több egyszerű szirupot; ha túl édes, adjunk hozzá még citromlevet és vizet.

d) Azonnal tálaljuk. Ne feledje, hogy a jég gyorsan elolvad, és kissé hígíthatja a levendula limonádé ízét, ezért azonnal élvezze!

73.Rózsavizes limonádé

ÖSSZETEVŐK:

- 1 ½ csésze frissen facsart citromlé
- 1 csésze rózsavíz
- 1 csésze kristálycukor
- 4-6 csésze víz, ízlés szerint állítsa be
- Citromszeletek a díszítéshez
- Élelmiszer-minőségű ehető rózsaszirom díszítéshez
- Választható: Jég ízlés szerint

UTASÍTÁS:

a) Egy tágas italadagolóban vagy kancsóban keverjen össze 1,5 csésze frissen facsart citromlevet, rózsavizet (1 csésze rózsavíz 1 csésze kristálycukorral kombinálva) és 4-6 csésze vizet.

b) Alaposan keverjük össze, hogy összeálljon. Tálalásig hűtőbe tesszük.

c) Kívánság szerint díszítse a limonádét citromszeletekkel és extra rózsaszirmokkal.

d) Ízlés szerint tálalja rózsavízi limonádéját jéggel vagy anélkül. Élvezd!

74. Levendula és kókusz limonádé

ÖSSZETEVŐK:
LIMONÁDÉ
- 1 ½ csésze frissen facsart citromlé
- 1 ¾ csésze cukor
- 8 csésze kókuszvíz
- 4 csésze vizet

LEVENDULA EGYSZERŰ SZIRUP
- 2 csésze cukor
- 1 ½ csésze víz
- 3 evőkanál szárított levendula
- Néhány csepp választható lila ételfesték

UTASÍTÁS:
LEVENDULA EGYSZERŰ SZIRUP

a) Egy közepes, vastag aljú serpenyőben keverje össze a cukrot, a vizet és a szárított levendulát.

b) Forraljuk fel a keveréket nagy lángon, és hagyjuk forrni 1 percig.

c) Vegyük le a serpenyőt a tűzről, fedjük le, és hagyjuk, hogy a levendula 20 percig a szirupban ázzon.

d) Szűrjük át a szirupot egy finom szitán, hogy eltávolítsuk a levendulát. Kívánt esetben adjon hozzá néhány csepp ibolyaszínű ételfestéket, hogy a limonádé lilás árnyalatot kapjon.

e) Tedd félre a levendula szirupot hűlni. Ha kihűlt, helyezze át légmentesen záródó edénybe, és tegye hűtőszekrénybe legfeljebb egy hétig.

KÓKUSZOS LEVENDULA LIMÓNÁD

f) Egy kancsóban keverjük össze a frissen facsart citromlevet, a cukrot, a kókuszvizet és a vizet.

g) Rázza fel vagy keverje erőteljesen, amíg az összes cukor teljesen fel nem oldódik. Előnyben részesítjük a rázást, mivel elősegíti a limonádé levegőztetését.

h) Öntsük a levendula szirup felét a kancsóba és keverjük össze. Állítsa be ízlése szerint a levendulaszirup mennyiségét, tetszés szerint adjon hozzá többet vagy kevesebbet.

i) Élvezze a frissítő levendula kókuszos limonádét!

75. Friss lila limonádé

ÖSSZETEVŐK:

- 7-10 citrom, plusz a díszítéshez és a szeletekhez
- 1 ½ csésze kristálycukor
- 8 és fél csésze víz
- Jég
- 2-3 fej friss orgonavirág

UTASÍTÁS:

a) Vágja félbe a citromot, és citrusfacsaró segítségével levezze le. Szereznie kell 1 ½ csésze citromlevet.

b) Távolítsa el a magokat és a pépet a citromléből egy finom szitával. Hűtsük le a levét.

c) Áztassa a friss orgonaágakat hideg vízben legalább 2 órára vagy egy éjszakára.

d) Készítse elő a szirupot úgy, hogy egy serpenyőben adjon hozzá 1 csésze vizet 1 ½ csésze cukorhoz. Forraljuk fel lassú tűzön, folyamatos kevergetés mellett, amíg a cukor teljesen fel nem oldódik. Vegyük le a tűzről és hűtsük le.

e) Szeletelj fel egy citromot medalionokra, és add hozzá a kancsóhoz.

f) Adja hozzá az orgonavirágokat, a citromlevet, a szirupot és 7 csésze vizet a kancsóba. Keverjük össze.

76. Hibiszkusz limonádé

ÖSSZETEVŐK:
AZ EGYSZERŰ SZIRUPHOZ:
- 1 csésze kristálycukor
- 2 csésze víz
- ½ csésze szárított hibiszkusz virág

A LIMONÁDÉHOZ:
- 5 csésze hideg víz
- 2 csésze citromlé
- 1 citrom vékonyra szeletelve
- Jégkockák
- Friss menta díszítéshez

UTASÍTÁS:
AZ EGYSZERŰ SZIRUP ELKÉSZÍTÉSE:
a) Egy kis serpenyőben, közepesen magas lángon keverje össze a cukrot, 2 csésze vizet és a szárított hibiszkuszvirágokat.

b) Forraljuk fel a keveréket, keverjük addig, amíg a cukor teljesen fel nem oldódik.

c) Vegyük le a tűzről, és hagyjuk hűlni 10-15 percig.

d) Szűrjük át a szirupot egy finom szitán, és egy kanál hátával nyomjuk le a virágokat, hogy kivonják az ízüket. Dobja el a használt hibiszkusz virágokat.

A LIMONÁD ELKÉSZÍTÉSE:
e) Egy 2 literes kancsóban keverje össze a hideg vizet, a citromlevet és a kihűlt hibiszkuszszirupot. Jól keverjük össze.

f) Adjunk citromszeleteket a kancsóhoz.

g) Tegyünk néhány jégkockát és egy citromszeletet magas poharakba.

h) Töltsön meg minden poharat hibiszkusz limonádé keverékkel.

i) Minden adag tetejére tegyen egy szál friss mentát, és szívószállal tálaljuk.

77. Bazsalikomos limonádé

ÖSSZETEVŐK:

- $1\frac{1}{4}$ csésze frissen facsart citromlé, plusz citromszeletek díszítéshez
- $\frac{1}{2}$ csésze méz vagy agave szirup
- 1 csésze szorosan csomagolt friss bazsalikomlevél, további díszítéssel
- 3 csésze hideg víz
- Jégkockák

UTASÍTÁS:

a) Keverje össze a citromlevet, a mézet (vagy agávét) és a bazsalikomot egy turmixgépben. Addig keverjük, amíg a keverék rendkívül sima nem lesz.

b) Szűrje le a keveréket egy kancsóba vagy egy nagy üvegbe, hogy eltávolítsa a szilárd anyagokat.

c) Adjunk hozzá vizet, és tegyük hűtőbe, amíg tálalni nem készülünk.

d) Jég felett tálaljuk, citromszeletekkel és friss bazsalikomlevéllel díszítve. Élvezd!

78. Koriander limonádé

ÖSSZETEVŐK:

- 1 ½ csésze friss citromlé
- 1 liter forrásban lévő víz
- ½ csésze koriander, megmosva és apróra vágva
- 2 jalapeno kimagozva és apróra vágva
- Méz ízlés szerint

UTASÍTÁS:

a) Kezdésként öntsünk forrásban lévő vizet a jalapenóra és a korianderre.
b) Hagyja hűlni körülbelül 4 órát.
c) Ízlés szerint tedd bele citromlevet és mézet.

79. Borágós limonádé

ÖSSZETEVŐK:

- 1/4 csésze frissen facsart citromlé
- 2 evőkanál cukor (ízlés szerint)
- 4 borágólevél
- 2 csésze víz

UTASÍTÁS:

a) Tegye az összes hozzávalót egy turmixgépbe.

b) Keverje körülbelül 30 másodpercig, amíg jól össze nem áll.

c) Szűrje le a keveréket nagy mennyiségű jégen egy magas pohárba.

d) Díszítse a limonádét borágó virágokkal az íz és a szépség extra íze érdekében.

80. Citromos verbéna limonádé

ÖSSZETEVŐK:

- 2 ½ font friss ananász, meghámozva, kimagozva és apróra vágva
- 2 csésze frissen facsart citromlé
- 1 ½ csésze kristálycukor
- 40 nagy citromos verbénalevél
- 4 csésze víz

UTASÍTÁS:

a) Egy nagy turmixgépben keverje össze az apróra vágott ananászt, a citromlevet, a cukrot és a citromos verbéna leveleket.

b) Rögzítse a fedelet, és 10-12-szer pörgesse a keveréket, hogy elkezdje lebontani az összetevőket. Ezután forgassa a turmixgépet, amíg a keverék sima nem lesz. Előfordulhat, hogy adagokban kell dolgoznia, ha a turmixgép nem elég nagy.

c) Szűrjük át a kevert keveréket egy finom szitán egy 2-literes vagy nagyobb kancsóba. Egy kanál hátával nyomjuk át a szitán a szilárd anyagot. Legalább 4 csésze folyadékot kell inni.

d) Felöntjük vízzel és összekeverjük.

e) Az ananászos citromos verbéna limonádét jégkockákkal teli poharakban tálaljuk, és minden poharat díszítsünk citromos verbéna ágakkal, hogy még frissebb és ízesebb legyen. Élvezd!

81. Rozmaring limonádé

(mindegyik 1 csésze)

ÖSSZETEVŐK:

- 2 csésze víz
- 2 szál friss rozmaring
- $\frac{1}{2}$ csésze cukor
- $\frac{1}{2}$ csésze méz
- 1-$\frac{1}{4}$ csésze friss citromlé
- 6 csésze hideg víz
- Jégkockák
- További citromszeletek és friss rozmaring ágak (opcionális)

UTASÍTÁS:

a) Egy kis serpenyőben forraljunk fel 2 csésze vizet, majd adjuk hozzá a rozmaring ágakat. Csökkentse a hőt, és lefedve párolja 10 percig.

b) Távolítsa el és dobja ki a rozmaringágakat. Keverje hozzá a cukrot és a mézet, amíg teljesen fel nem oldódik. Ezt a keveréket tegyük át egy kancsóba, és tegyük hűtőbe 15 percre.

c) Adjuk hozzá a friss citromlevet és keverjük hozzá a hideg vizet.

d) A rozmaringos limonádét jégen tálaljuk. Kívánt esetben díszítse további citromszeletekkel és friss rozmaringgal, hogy extra ízt és megjelenést biztosítson.

e) Élvezze a frissítő rozmaringlimonádéját, amely egy elragadó csavar a klasszikus limonádéhoz!

82. Citromfű limonádé

ÖSSZETEVŐK:

- 1 ½ csésze cukor
- 8 ½ csésze víz, osztva
- 1 tubus citromfű keverőpaszta
- 1 csésze friss citromlé
- Jégkockák

UTASÍTÁS:

a) Egy serpenyőben keverj össze 1½ csésze cukrot és 1½ csésze vizet. A keveréket közepes lángon melegítjük, addig keverjük, amíg a cukor teljesen fel nem oldódik. Így egyszerű szirup keletkezik.

b) Adja hozzá a Gourmet Garden™ citromfű keverőpasztát az egyszerű sziruphoz, és jól keverje össze, hogy átitassa a citromfű ízét.

c) Egy külön edényben keverje össze a friss citromlevet, a citromfűvel felöntött egyszerű szirupot és a maradék 7 csésze vizet. A keveréket jól keverjük össze.

d) Hűtsük le a citromfüves limonádét a hűtőszekrényben, hogy szép és hideg legyen.

e) Tálaláskor a citromfű-limonádéval a poharakban lévő jégkockákra öntjük.

f) Élvezze ezt az egyedi és frissítő citromfű limonádét a citromfű elragadó ízével!

83. Hibiszkusz bazsalikom limonádé

ÖSSZETEVŐK:

- 1 ½ csésze cukor
- 8 ½ csésze víz, osztva
- 1 tubus citromfű keverőpaszta
- 1 csésze friss citromlé
- Jégkockák

UTASÍTÁS:

a) Egy serpenyőben keverj össze 1½ csésze cukrot és 1½ csésze vizet. A keveréket közepes lángon melegítjük, addig keverjük, amíg a cukor teljesen fel nem oldódik. Így egyszerű szirup keletkezik.

b) Adja hozzá a Gourmet Garden™ citromfű keverőpasztát az egyszerű sziruphoz, és jól keverje össze, hogy átitassa a citromfű ízét.

c) Egy külön edényben keverje össze a friss citromlevet, a citromfűvel felöntött egyszerű szirupot és a maradék 7 csésze vizet. A keveréket jól keverjük össze.

d) Hűtsük le a citromfüves limonádét a hűtőszekrényben, hogy szép és hideg legyen.

e) Tálaláskor a citromfű-limonádéval a poharakban lévő jégkockákra öntjük.

f) Élvezze ezt az egyedi és frissítő citromfű limonádét a citromfű elragadó ízével!

83. Hibiszkusz bazsalikom limonádé

ÖSSZETEVŐK:

- 2 uncia vodka
- 1 uncia friss citromlé
- 1 uncia hibiszkuszszirup
- 3-4 bazsalikom levél
- Szódavíz
- Jégkockák
- Díszítésnek szárított citromkorong és bazsalikomlevél

UTASÍTÁS:

a) Egy koktél shakerben keverje össze a vodkát, a friss citromlevet, a hibiszkuszszirupot és a bazsalikomleveleket.
b) Óvatosan keverje össze a bazsalikomleveleket, hogy felszabaduljon az ízük.
c) Adjunk jégkockákat a shakerhez, és rázzuk erőteljesen, amíg a keverék jól lehűl.
d) Szűrje le a koktélt egy jégkockákkal teli Collins-pohárba.
e) Töltse fel az italt szódával a kívánt szénsavassági szintig.
f) Díszítse a Hibiscus bazsalikom limonádéját egy dehidratált citromkoronggal és néhány friss bazsalikomlevéllel.
g) Élvezze ezt az élénk és frissítő koktélt a hibiszkusz, bazsalikom és citrom ízek elragadó kombinációjával!

84. Sea Moss Limonádé

ÖSSZETEVŐK:

- 2 uncia vodka
- 1 uncia friss citromlé
- 1 uncia hibiszkuszszirup
- 3-4 bazsalikom levél
- Szódavíz
- Jégkockák
- Díszítésnek szárított citromkorong és bazsalikomlevél

UTASÍTÁS:

a) Egy koktél shakerben keverje össze a vodkát, a friss citromlevet, a hibiszkuszszirupot és a bazsalikomleveleket.

b) Óvatosan keverje össze a bazsalikomleveleket, hogy felszabaduljon az ízük.

c) Adjunk jégkockákat a shakerhez, és rázzuk erőteljesen, amíg a keverék jól lehűl.

d) Szűrje le a koktélt egy jégkockákkal teli Collins-pohárba.

e) Töltse fel az italt szódával a kívánt szénsavassági szintig.

f) Díszítse a Hibiscus bazsalikom limonádéját egy dehidratált citromkoronggal és néhány friss bazsalikomlevéllel.

g) Élvezze ezt az élénk és frissítő koktélt a hibiszkusz, bazsalikom és citrom ízek elragadó kombinációjával!

84. Sea Moss Limonádé

ÖSSZETEVŐK:

- 5 citrom
- 4 evőkanál tengeri moha gél
- 3 csésze víz
- 1 csésze méz egyszerű szirup
- 1 csésze tengeri mohavíz

UTASÍTÁS:

a) Készítsen Sea Moss gélt
b) Keverjük össze a citromlevet és a tengeri moha vizet
c) Adjon hozzá Sea Moss gélt
d) Adjunk hozzá mézes egyszerű szirupot
e) Jól keverjük össze és élvezzük!

85. Spirulina Lemonád

ÖSSZETEVŐK:

- 4 csésze Víz
- 4 nagy citrom, kifacsarva
- ½ csésze agave nektár
- 1 teáskanál E3 Live Blue Spirulina
- 1 csipet só

UTASÍTÁS:

a) A citromokat megmossuk és félbevágjuk. Citruspréssel vagy kézzel nyomja ki a citromlevet egy tálba, távolítsa el a magokat. Körülbelül 1 csésze friss citromlevet kell kapnia.

b) Keverje össze az agavé nektárt a citromlével, amíg alaposan össze nem keveredik.

c) Egy nagy kancsóban keverje össze a vizet, az agavé/citromlevet, a kék spirulinát és egy csipet sót. Addig keverjük, amíg jól össze nem áll, és a spirulinapor fel nem oldódik.

d) Hűtőbe tesszük vagy jégre öntjük, és már fogyaszthatjuk is!

86. Tengeri hínáros limonádé

ÖSSZETEVŐK:

- 1 uncia citromlé
- 3 csepp Umami Bitters
- 0,5 uncia Seltzer
- 0,5 uncia vodka
- 1 csésze cukor
- 1 csésze ecet
- 1 csésze Víz

UTASÍTÁS:

a) Kezdje a hínárcserje elkészítésével. Egy serpenyőben melegítsd fel a cukrot, a vizet, az ecetet és a cukros moszatot, amíg forró, de nem forr. Hagyja állni 10-15 percig. Hagyjuk kihűlni, és szűrjük pohárba.

b) Adja hozzá a tengeri hínárcserjét, az umami keserűt, a citromlevet és a seltzert a pohárba.

c) Töltsd fel egy csepp kedvenc vodkával.

d) Adjunk hozzá jeget, óvatosan keverjük össze, és díszítsük citromkoronggal.

e) Élvezze a frissítő hínáros limonádét!

87. Chlorella Limonádé

ÖSSZETEVŐK:

- ½ teáskanál Chlorella
- 1 bio citrom leve
- ½-1 teáskanál nyers méz
- Szűrt forrásvíz vagy szénsavas ásványvíz
- Jégkockák
- Citromszeletek a díszítéshez
- Opcionális: 1 teáskanál frissen reszelt gyömbér

UTASÍTÁS:

a) Egy pohárban keverje össze a Chlorellát, a frissen facsart citromlevet és a nyers mézet habverővel vagy kanállal, amíg sima keveréket nem kap.

b) Tegyen jégkockákat és citromkarikákat a pohárba.

c) Töltse meg a poharat választott vízzel, legyen szó szűrt forrásvízről az enyhébb ízért, vagy szénsavas ásványvízről egy kis pezsgésért.

d) Ha kívánja, adjon hozzá frissen reszelt gyömbért, hogy extra ízt és egészségügyi előnyöket biztosítson.

e) Jól keverjük össze, hogy az összes hozzávaló összeolvadjon.

f) Kortyolgasd és élvezd ezt a frissítő és ultrahidratáló Chlorella Limonade-t. Ez egy nagyszerű módja annak, hogy növelje energiáját és táplálkozását, miközben felfrissül!

88. Matcha zöld tea limonádé

ÖSSZETEVŐK:

- 2 csésze forró víz
- ½ teáskanál Epic Matcha zöld tea por
- 1 csésze tiszta nádcukor
- ½ csésze frissen facsart citromlé
- 1 ½ liter hideg víz

UTASÍTÁS:

a) Egy nagy kancsóban keverje el a Matcha zöldtea port és a cukrot a forró vízben, amíg mindkettő teljesen fel nem oldódik.

b) Ha a Matcha és a cukor feloldódott, adjuk hozzá a frissen facsart citrom (vagy lime) levét a keverékhez.

c) Öntsünk hozzá 1,5 liter hideg vizet, és jól keverjük össze, hogy az összes hozzávaló összeolvadjon.

d) Helyezze a kancsót a hűtőszekrénybe, és hagyja, hogy a Matcha zöldtea limonádé (vagy limeade) legalább 30 percig hűljön.

e) Ha kellően kihűlt, jól átkeverjük, és már tálalható is.

f) A frissítő italt jégkockákkal ellátott poharakba töltjük, és ízlés szerint citrom- vagy limeszeletekkel díszítjük.

g) Élvezze a házi készítésű Matcha zöldtea limonádéját vagy limeadejét, amely a citrusfélék és a matcha földi finomságainak elbűvölő keveréke!

89. Jeges kávé limonádé

ÖSSZETEVŐK:
A LIMONÁDÉHOZ:
- ½ csésze friss citromlé (kb. 3-4 citrom)
- ¼ csésze kristálycukor (ízlés szerint)
- ½ csésze hideg víz

A KÁVÉHOZ:
- 1 csésze főzött kávé, szobahőmérsékletre hűtve vagy lehűtve
- ½ csésze tej (tetszés szerint tejes vagy tejmentes tejet is használhat)
- 1-2 evőkanál cukrozott sűrített tej (ízlés szerint)
- Jégkockák

UTASÍTÁS:
a) Kezdje a limonádé elkészítésével. Egy kancsóban keverjük össze a friss citromlevet és a kristálycukrot. Keverjük jól, amíg a cukor teljesen fel nem oldódik.

b) Adjunk hozzá ½ csésze hideg vizet a citromos keverékhez, és keverjük össze. Kóstolja meg és állítsa be az édességet vagy a fanyarságot úgy, hogy szükség szerint több cukrot vagy citromlevet ad hozzá.

c) Külön edényben készítse el a főzött kávét. Használhat felöntési módszert, francia prést, vagy bármilyen előnyben részesített kávéfőzési módszert. Hagyja a kávét szobahőmérsékletre hűlni, vagy hűtse le a hűtőszekrényben.

d) Ha kész a kávé, öntsük egy külön kancsóba. Öntsük hozzá a választott tejet és ízlés szerint édesített sűrített tejet. Keverjük jól össze. Az édességet ízlés szerint állítsa be úgy, hogy kívánság szerint több édesített sűrített tejet ad hozzá.

e) Tölts meg két poharat jégkockákkal.
f) Öntse az elkészített kávékeveréket a jégkockákra, minden poharat körülbelül félig töltve.
g) Ezután öntsön házi limonádét a kávékeverékre minden pohárban, és töltse meg a pohár többi részét.
h) Óvatosan keverjük össze, hogy az ízek összeérjenek.
i) Díszítsük citromszeletekkel vagy egy szál mentával, ha szükséges.
j) Azonnal tálalja fel frissítő jeges kávés limonádéját, és élvezze a kávé és limonádé ízek elragadó keverékét.
k) Választható: Hozzáadhat egy csepp ízesített szirupot, például vaníliát vagy karamellát, hogy extra édességet és ízt adjon.
l) Kísérletezzen a limonádé és a kávé arányával, hogy megfeleljen ízlésének. Élvezd!

90. Earl Grey Limonádé

ÖSSZETEVŐK:

- 4 Earl Grey teászsák
- 1 csésze (236 ml) friss citromlé
- 3 evőkanál méz (vagy ízlés szerint)
- Jégkockák
- Díszítésnek citrom és narancs szeletek
- Friss mentalevél díszítéshez

UTASÍTÁS:

a) Kezdje azzal, hogy az Earl Grey teászsákokat egy hőálló kancsóba vagy kancsóba helyezi.

b) Öntsön 4 csésze forrásban lévő vizet a teafilterekre, és hagyja ázni 4-5 percig. Ezután távolítsa el a teafiltereket.

c) Keverje hozzá a mézet, amíg a tea még forró, hogy megolvadjon és elegyedjen a folyadékkal. Hagyja a keveréket szobahőmérsékletre hűlni.

d) Ha kihűlt a tea, keverjük hozzá a friss citromlevet. Kóstolja meg a keveréket, és állítsa be az édességet úgy, hogy kívánság szerint több mézet ad hozzá.

e) Töltsük meg a poharakat jégkockákkal.

f) Öntse az Earl Grey limonádét a jégre minden pohárban.

g) Díszítsd frissítő italodat citrom- és narancsszeletekkel, és adj hozzá néhány friss mentalevelet, hogy extra íz- és illatúvá váljon.

h) Tálalja Earl Grey limonádéját egy forró nyári napon, és élvezze a bergamotttal átitatott tea és a zamatos limonádé elbűvölő keverékét.

i) Dőljön hátra, lazítson, és élvezze ennek a frissítő italnak a fanyar, csípős és finom ízeit.

91.Őszibarack fekete tea limonádé

ÖSSZETEVŐK:

- 1 érett közepes méretű őszibarack, bőrét eltávolítva
- ½ citrom
- 2 csésze fekete tea (vagy zöld tea, ha tetszik)
- 2 evőkanál egyszerű szirup (a fenti utasítások szerint)
- 1 csésze jégkocka

UTASÍTÁS:

a) Kezdje azzal, hogy egy fél citrom levét facsarja ki, és tegye félre.

b) Az érett őszibarackot feldaraboljuk, és egy turmixgépbe tesszük.

c) Adja hozzá a fenntartott citromlevet, a fekete teát (vagy zöld teát, ha úgy tetszik) és az egyszerű szirupot a turmixgépbe. Állítsa be az egyszerű szirup mennyiségét ízlése szerint; adjon hozzá többet, ha édesebb italt szeretne.

d) Keverje össze az összes hozzávalót, amíg sima és jól kevert keveréket nem kap.

e) Szűrje le a kevert keveréket egy kancsóba vagy kancsóba bő jégkockával vagy zúzott jéggel.

f) A házi készítésű barack fekete tea limonádéját azonnal tálalja frissítő és édeskés nyári italként.

92. Chai málnás limonádé

ÖSSZETEVŐK:

- ¾ csésze jég
- 1 uncia limonádé koncentrátum, 7+1, felolvasztva
- 1 uncia málnaszörp
- 2 uncia Eredeti Chai Tea Latte
- 6 uncia citrom-lime szóda
- 2 friss vörös málna
- 1 szelet citrom, vágva és felszeletelve

UTASÍTÁS:

a) Mosson kezet és minden friss, csomagolatlan terméket folyó víz alatt. Jól lecsepegtetjük.
b) Helyezzen jeget egy 16 unciás italos pohárba.
c) A limonádékoncentrátumot, a málnaszirupot, a chai teakoncentrátumot és a citromos-lime szódát a jégre öntjük, és egy hosszú nyelű bárkanállal alaposan összekeverjük.
d) A málnát felnyársaljuk vagy leszedjük.
e) A felszeletelt citrom felénél felszeleteljük.
f) Helyezzük a szeletelt citrom- és málnanyársat a pohár peremére.
g) Élvezze Chai málna limonádéját!

93. Limonádé Kombucha

ÖSSZETEVŐK:

- $1\frac{1}{4}$ csésze frissen facsart citromlé
- 15 csésze zöld tea vagy oolong kombucha

UTASÍTÁS:

a) Öntsön 2 evőkanál citromlevet minden 16 unciás üvegbe.

b) Egy tölcsér segítségével töltse meg az üvegeket kombuchával, és hagyjon körülbelül 1 hüvelyknyi helyet minden szűk keresztmetszetben.

c) Az üvegeket szorosan zárja le.

d) Helyezze a palackokat meleg helyre, körülbelül 72 °F-ra, hogy 48 órán át erjedjen.

e) Tegyen hűtőszekrénybe 1 üveget 6 órára, amíg teljesen lehűl.

f) Nyissa ki az üveget és kóstolja meg a kombuchát. Ha az Ön megelégedésére buborékos, hűtse le az összes palackot, hogy leállítsa az erjedést.

g) Miután elérte a kívánt pezsgést és édességet, hűtse le az összes palackot az erjedés leállítása érdekében.

h) Tálalás előtt szűrje le, és távolítsa el a még jelen lévő élesztőszálakat.

94. Fűszeres almás limonádé

ÖSSZETEVŐK:

- 3 citrom
- 1 hüvelykes darab gyömbér
- 1 marék friss mentalevél
- ½ vaníliarúd
- 2 kardamom hüvely
- 1 fahéjrúd
- 2 szegfűbors bogyó
- 2 csillagánizs hüvely
- ½ csésze cukor
- 2½ csésze szűretlen almalé

UTASÍTÁS:

a) Csavarjuk ki a citrom levét.

b) A gyömbért meghámozzuk és vékonyan felszeleteljük.

c) Távolítsa el a leveleket a mentáról.

d) A vaníliarudat hosszában felvágjuk, a kardamom hüvelyt összetörjük.

e) Egy serpenyőben keverje össze a gyömbért, a citromlevet, a mentaleveleket, a tört kardamomot, a fahéjrudat, a szegfűbors bogyókat, a csillagánizs hüvelyt, a cukrot és 200 ml (körülbelül 7 uncia) vizet. Melegítsük fel a keveréket, de vigyázz, nehogy felforrjon.

f) Hagyja a keveréket 15 percig hatni, hogy az ízek összeérjenek.

g) Az infúziós keveréket finom szűrőn engedjük át, hogy eltávolítsuk a szilárd összetevőket. Hagyja kihűlni a folyadékot.

h) Ha a folyadék lehűlt, keverjük hozzá a kihűtött szűretlen almalevet, és jól keverjük össze.

i) A fűszerezett almás limonádét öntsük poharakba és tálaljuk.

95. Kurkuma limonádé

ÖSSZETEVŐK:

- 1 kurkuma gyökér meghámozva és lereszelve
- 2 citrom leve
- 4 csésze víz
- 1 evőkanál vagy ízlés szerint méz/juharszirup
- 1 evőkanál apróra vágott mentalevél

UTASÍTÁS:

a) A kurkuma gyökerét meghámozzuk és lereszeljük.
b) Adjunk hozzá 1 csésze vizet egy kis serpenyőbe.
c) Adjuk hozzá a reszelt kurkumát, forraljuk fel közepes lángon, majd kapcsoljuk le a tüzet.
d) Szűrjük le, hogy tiszta folyadékot kapjunk, és tegyük félre hűlni.
e) Egy kancsóban keverje össze a citromlevet, a mézet és a kurkumás vizet.
f) Keverjük össze, kóstoljuk meg, és ha szükséges, adjunk hozzá még mézet vagy citromlevet.
g) Hozzáadjuk az apróra vágott mentaleveleket és a jégkockákat, és még egyszer jól összekeverjük.
h) A kurkuma limonádét hűtve tálaljuk.

96.Masala limonádé

ÖSSZETEVŐK:

- 3 citrom levében
- 1 csésze cukor
- 4 csésze Víz
- ½ hüvelyk gyömbér, zúzott
- 1 teáskanál köménypor
- ¼ teáskanál fekete bors por
- 1 teáskanál fekete só
- Egy marék mentalevél
- 1 csipet szódabikarbóna (opcionális)

UTASÍTÁS:

a) Egy tálban facsarjuk ki a citrom levét.

b) A citromléhez adjunk hozzá cukrot, zúzott gyömbért és friss mentaleveleket. Adjunk hozzá 1 pohár vizet.

c) Az egészet jól keverjük össze, amíg a cukor teljesen fel nem oldódik.

d) Szűrje le a levet, hogy eltávolítsa a pépet vagy a szilárd részecskéket.

e) A leszűrt léhez adjunk hozzá fekete borsot, köményport és fekete sót. Mindent alaposan összekeverünk.

f) Adjunk hozzá jégkockákat a keverékhez, hogy lehűtsük.

g) Ha inkább a szénsavas limonádét szereti, akkor tehetünk bele egy csipetnyi szódabikarbónát is.

h) Tálalja ezt a frissítő és ízletes Masala limonádét poharakba teázás közben vagy esti harapnivalók mellé. Élvezze a fűszerek és a citrom elragadó keverékét!

97.Chai-fűszeres limonádé

ÖSSZETEVŐK:

- 2½ csésze víz
- ¼ csésze juharszirup (vagy méz, vagy agave szirup)
- 1 evőkanál apróra vágott friss gyömbérgyökér
- 3 zöld kardamom hüvely, feltörve
- 4 egész szegfűszeg
- 1 kis fahéjrúd
- ½ csésze frissen facsart citromlé

UTASÍTÁS:

a) Egy közepes lábosban, közepes lángon forraljuk fel a vizet. Hagyjuk 2 percig forrni, fedő nélkül.

b) A forrásban lévő vízhez adjuk a juharszirupot, az apróra vágott gyömbért, a feltört kardamomhüvelyeket, a szegfűszeget és a fahéjrudat. Jól keverjük össze, és forraljuk fel a keveréket. Időnként megkeverjük.

c) Vegyük le a serpenyőt a tűzről, és fedjük le fedővel. Hagyja a keveréket 20 percig pihenni, hogy a fűszerek behatoljanak.

d) Szűrje le az infúziós folyadékot több réteg sajtruhán vagy egy finom szűrőn keresztül egy nagy befőttesüvegbe vagy kancsóba, hogy eltávolítsa a fűszereket.

e) Hűtsük le a leszűrt folyadékot, amíg teljesen ki nem hűl.

f) Hozzákeverjük a frissen facsart citromlevet.

g) A Chai-fűszeres limonádét jégen tálaljuk. Az extra frissítő érintés érdekében, ha kívánja, hozzáadhat egy csobbanó vizet vagy szeszes italt.

h) A maradék limonádé akár 3 napig is eltartható a hűtőben, vagy lefagyasztható a hosszabb tárolás érdekében. Élvezze ezt az egyedi és ízletes csavart a limonádén!

98. Hot Sauce Limonádé

ÖSSZETEVŐK:

- 1 literes klubszóda
- 2 csésze fehér rum
- 6 uncia doboz fagyasztott limonádé koncentrátum
- $\frac{1}{4}$ csésze friss citromlé
- 1 teáskanál forró szósz
- Zúzott jég, ízlés szerint

UTASÍTÁS:

a) Egy kancsóban óvatosan keverje össze a szódát, a fehér rumot, a fagyasztott limonádékoncentrátumot, a friss citromlevet és a forró szószt.

b) A fűszeres limonádékeveréket zúzott jéggel töltött poharakba öntjük.

c) Tálalja ezt a frissítő és ízletes fűszeres limonádét legközelebbi baráti és családi összejövetelén egy kellemes és emlékezetes italra.

d) Élvezd felelősségteljesen!

99. Indiai fűszeres limonádé

ÖSSZETEVŐK:
EGYSZERŰ SZIRUPHOZ:
- 1 csésze cukor
- 1 csésze víz
- Egy csipetnyi citromlé (a kristályosodás megelőzésére)

Limonádéhoz:
- Egyszerű szirup (ízlés szerint)
- 1 csésze frissen facsart citrom vagy lime leve
- 4 csésze hideg víz
- Pirított és zúzott köménymag (elhagyható)
- Tengeri só pehely (opcionális, az üveg pereméhez)

KÖRETEK:
- Friss mentalevél (opcionális)
- Friss citromos verbéna levelek (opcionális)
- Friss bazsalikomlevél (elhagyható)

UTASÍTÁS:
EGYSZERŰ SZIRUP KÉSZÍTÉSE:
a) Egy serpenyőben közepes-alacsony lángon keverj össze 1 csésze cukrot és 1 csésze vizet.

b) Adjunk hozzá egy csipet citromlevet a keverékhez, hogy megakadályozzuk a kristályosodást.

c) Keverje össze a keveréket, és hagyja főni, amíg a cukor teljesen fel nem oldódik.

d) Vegyük le a serpenyőt a tűzről, és hagyjuk kihűlni az egyszerű szirupot.

LIMONÁD ELKÉSZÍTÉSE:
e) Egy kancsóban keverj össze 1 csésze frissen facsart citrom- vagy limelevet 4 csésze hideg vízzel.

f) Ízlés szerint keverjük hozzá az egyszerű szirupot. Az édességet ízlés szerint állítsa be többé-kevésbé egyszerű szirup hozzáadásával.

SZOLGÁLÓ:

g) Kívánság szerint a poharat tengeri sópehellyel is feldörzsölheti, hogy extra ízt kapjon.

h) Fuss körbe egy lime- vagy citromszeletet az üveg peremén, hogy megnedvesítse.

i) A megnedvesített peremet mártsuk bele egy tányérba tengeri sópehellyel a pohár pereméhez.

j) Töltsük meg a poharat jégkockákkal.

k) Öntse a limonádé keveréket a pohárban lévő jégkockákra.

l) Díszítse indiai fűszerezett limonádéját friss mentalevéllel, citromos verbénalevéllel vagy bazsalikomlevéllel, ha szükséges.

100. Levendula citromcsepp

ÖSSZETEVŐK:
- 2 uncia levendulával beöntött vodka
- 1 uncia Triple Sec
- ½ uncia friss citromlé
- Levendula szál díszítéshez

LEVENDULA-INFIZÁLT VODKA:
- ¼ csésze szárított kulináris levendula bimbó
- 1 csésze vodka

UTASÍTÁS:
LEVENDULA-INFIZÁLT VODKA

a) Egy tiszta üvegedényben keverje össze a szárított kulináris levendula bimbókat és a vodkát.

b) Zárja le az edényt, és hagyja hűvös, sötét helyen körülbelül 24-48 órán át infúzióhoz. Időnként kóstolja meg, hogy elérje a kívánt levendula ízt.

c) Miután ízlése szerint felöntötte a vodkát, szűrje le egy finom szűrőn vagy sajtruhán, hogy eltávolítsa a levendula bimbóit. Tegye vissza a levendulával átitatott vodkát egy tiszta üvegbe vagy üvegbe.

LEVENDULA CITROMOS CSEPPÉHEZ:

d) Tölts meg egy koktél shakert jéggel.

e) Adjon hozzá 2 uncia levendula-infúziós vodkát, 1 uncia Triple Sec-et és ½ uncia friss citromlevet a shakerbe.

f) Erősen rázza fel, amíg jól ki nem hűl.

g) Szűrjük a keveréket egy lehűtött martini pohárba.

h) Díszítse a Levendula citromcseppet egy szál friss levendulával.

i) Élvezze a Lavender Lemon Drop koktélt elragadó virágos és citrusos jegyeivel!

KÖVETKEZTETÉS

Amint a "A CITROMSZEREDŐK KONCHÁRA"-ban tett utazásunk a végéhez közeledünk, reméljük, hogy megízlelte a citrommal átitatott élvezetek friss és zamatos világát. A citrom egyedülálló képességgel rendelkezik, hogy számtalan módon fényesebbé és finomabbá tegye az ételeket, és Ön most a kulináris varázslatok mesterévé vált.

Javasoljuk, hogy folytassa a citrom ihletésű alkotások felfedezését, kísérletezzen új receptekkel, és ossza meg ízletes ételeit családjával és barátaival. Minden elkészített étel tanúskodik a citrommal való főzés öröméről és az általa az asztalra hozott élénk ízekről.

Köszönjük, hogy részesei lehettek ennek a citrusos kulináris kalandnak. A megszerzett tudás és készségek továbbra is megvilágítsák kulináris pályáját, és ételeit mindig a citrom napsütéses hangulata adja. Jó főzést!

www.ingramcontent.com/pod-product-compliance
Lightning Source LLC
Chambersburg PA
CBHW071307110526
44591CB00010B/805